Vor Schulbeginn schon mittendrin

Bernd Ganser (Hrsg.)
Sibylle Schüller

Das kann ich schon im (Vor-)Schulalter

Band 2

Übungen, Materialien und Kopiervorlagen zur Vorbereitung auf die Schule

Gedruckt auf umweltbewusst gefertigtem, chlorfrei gebleichtem und alterungsbeständigem Papier.

2. Auflage 2017
© 2017 Auer Verlag, Augsburg
AAP Lehrerfachverlage GmbH
Alle Rechte vorbehalten.

Das Werk als Ganzes sowie in seinen Teilen unterliegt dem deutschen Urheberrecht. Der Erwerber des Werks ist berechtigt, das Werk als Ganzes oder in seinen Teilen für den eigenen Gebrauch und den Einsatz im Unterricht zu nutzen. Die Nutzung ist nur für den genannten Zweck gestattet, nicht jedoch für einen weiteren kommerziellen Gebrauch, für die Weiterleitung an Dritte oder für die Veröffentlichung im Internet oder in Intranets. Eine über den genannten Zweck hinausgehende Nutzung bedarf in jedem Fall der vorherigen schriftlichen Zustimmung des Verlags.

Sind Internetadressen in diesem Werk angegeben, wurden diese vom Verlag sorgfältig geprüft. Da wir auf die externen Seiten weder inhaltliche noch gestalterische Einflussmöglichkeiten haben, können wir nicht garantieren, dass die Inhalte zu einem späteren Zeitpunkt noch dieselben sind wie zum Zeitpunkt der Drucklegung. Der Auer Verlag übernimmt deshalb keine Gewähr für die Aktualität und den Inhalt dieser Internetseiten oder solcher, die mit ihnen verlinkt sind, und schließt jegliche Haftung aus.

Illustrationen: Stefanie Aufmuth
Satz: Fotosatz H. Buck, Kumhausen
Druck und Bindung: Esser printSolutions GmbH
ISBN 978-3-403-**06140**-3
www.auer-verlag.de

Inhaltsverzeichnis

Für wen ist dieses Buch gedacht?............ 5

I. Sprachförderung 6

Lautgebärden

Meine Geheimzeichen..................... 7
Wörtersuche 7

Relationen/Präpositionen

Nimm zwei oder drei aus der Kiste!............ 8
Krokodile lauern überall.................... 8

Wortschatz erweitern

Mein großes 100-Bilder-Quadrat............. 9
1, 2, 3, an der Angel hängt ein 9
Die Reise mit dem Würfel 10
Schuhsohlenmemory...................... 10
Ein fröhlicher Flug – Wer darf alles mit? 11
Deckelchenspiel 11

Kategorien bilden

Mein Spielzeugregal 12
Große Wäsche........................... 12
Ich kenne viele Tiere 13
Einkaufen............................... 13

Erzählen/Nacherzählen

Suchbild/Bildergeschichte................... 14
Erzählbilder 14

II. Lesen......................... 15

Symbole unterscheiden

Drache Kuno spuckt 16
Diese Zeichen kenne ich! 16

Phonologie

Lauteschiff und Lautefisch.................. 17
Lautkugeln.............................. 17

Lautsynthese

Unterhaltung in der Silbensprache 18
So heißen meine Freunde! 18
Auf und ab im Lesehochhaus 19
Silbenpuzzle 19

Wörter

Leselotto und -memory/Klammerwörter 20
Mein Wörterquartett...................... 20

Sätze

Leseröllchen: Familie Kunterbunt.............. 21
Lustige Sätze............................ 21

III. Rechnen 22

Raumvorstellung

Kaspar Larifaris bunter Formenanzug.......... 23
Formenuhr/Formenspiel/Formenland 23
Tüchtige Baumeister 24
Figuren und Muster übertragen............... 24

Mengen und Zahlen

Dinge zählen und verpacken................. 25
Menge-Zahl-Puzzle/Legespiel mit Mengen
und Zahlen............................. 25
Zerlegehäuser........................... 26
Kleine und große Zahlenhäuser 26

Zahlaspekte

Wie alt sind die Glückskäfer? 27
Meine bunte Perlenkette 27

Plus und Minus

Punkte- und Zahlenmauern.................. 28
Rechenscheibe 28

Uhr und Uhrzeit

Meine große Lernuhr...................... 29
Leere Uhr: Wie spät ist es? 29

IV. Kopiervorlagen.................. 30

KV 1   Meine Geheimzeichen (1)............. 31
KV 2   Meine Geheimzeichen (2)............. 32
KV 3   Meine Geheimzeichen (3)............. 33
KV 4   Buchstabentürme 34
KV 5   Zungenbrecher 35
KV 6   Kurze und lange Stifte 36
KV 7   Neun verschieden hohe Türme 37
KV 8   Mein Kegelspiel..................... 38
KV 9   Leichte und schwere Elefanten 39
KV 10 Krokodile lauern überall.............. 40
KV 11 Bunte Felder: Ausmalen 41
KV 12 Bunte Felder: Gegenstände verstecken . 42
KV 13 Mein großes 100-Bilder-Quadrat 43
KV 14 Was ist denn das?................... 44
KV 15 Was fehlt denn da?.................. 45
KV 16 1, 2, 3, an der Angel hängt ein 46
KV 17 Bilderrätsel lösen.................... 47
KV 18 Die Reise mit dem Würfel 48
KV 19 Schuhsohlenmemory (1)............. 49
KV 20 Schuhsohlenmemory (2)............. 50
KV 21 Ein fröhlicher Flug – Wer darf alles mit? . 51
KV 22 Ein fröhlicher Flug – Wer darf alles mit?
       (blanko) 52

KV 23	Mein Spielzeugregal 53	KV 62	Mein Wörterquartett (5) 92
KV 24	Kleidungsstücke und Körperteile....... 54	KV 63	Mein Wörterquartett (6) 93
KV 25	Ich kenne viele Tiere 55	KV 64	Mein Wörterquartett (7) 94
KV 26	Fahrzeuge und Möbel 56	KV 65	Mein Wörterquartett (8. 95
KV 27	Einkaufen 57	KV 66	Wörter suchen: Wörter im Wort finden .. 96
KV 28	Obst und Gemüse.................. 58	KV 67	Leseröllchen: Familie Kunterbunt 97
KV 29	Dinge im Haushalt.................. 59	KV 68	Welcher Satz gehört zu welchem Bild? (1) 98
KV 30	Das esse ich gern! Das esse ich nicht so gern!........................ 60	KV 69	Welcher Satz gehört zu welchem Bild? (2) 99
KV 31	Suchbild: Zwei Bilder genau miteinander vergleichen/Eine interessante Bildergeschichte........................ 61	KV 70	Ganz genau lesen üben 100
		KV 71	Lustige Sätze legen und lesen 101
		KV 72	Kaspar Larifaris bunter Formenanzug... 102
KV 32	Wir backen feine Kuchen............. 62	KV 73	Würfelspiel mit Formen 103
KV 33	Eine lustige Geburtstagsfeier 63	KV 74	Schätzen und zählen................ 104
KV 34	Wir frühstücken gemeinsam 64	KV 75	Formenuhr....................... 105
KV 35	Ich helfe im Garten 65	KV 76	Formenspiel mit Kreisen 106
KV 36	Ich bin krank 66	KV 77	Formenspiel mit Quadraten........... 107
KV 37	In der Stadt 67	KV 78	Formenspiel mit Dreiecken 108
KV 38	Wir kaufen ein 68	KV 79	Im Formenland 109
KV 39	Drache Kuno spuckt 69	KV 80	Tüchtige Baumeister (1) 110
KV 40	Buchstabe, Zahl oder Form?.......... 70	KV 81	Tüchtige Baumeister (2) 111
KV 41	Lauteschiff und Lautefisch............ 71	KV 82	Figuren übertragen: Haus 112
KV 42	Fragen zu Buchstaben 72	KV 83	Figuren übertragen: Auto............. 113
KV 43	Lautkugeln malen (1) 73	KV 84	Figuren übertragen: Schiff 114
KV 44	Lautkugeln malen (2) 74	KV 85	Muster übertragen.................. 115
KV 45	Silben fangen 75	KV 86	Köpfchen, Köpfchen 116
KV 46	Unterhaltung in der Silbensprache: Silbenkärtchen 76	KV 87	Dinge zählen und verpacken.......... 117
		KV 88	Zahlen schreiben üben 118
KV 47	Unterhaltung in der Silbensprache: Silbengitter 77	KV 89	Menge-Zahl-Puzzle 119
		KV 90	Legespiel mit Mengen und Zahlen (1)... 120
KV 48	So heißen meine Freunde! (1)......... 78	KV 91	Legespiel mit Mengen und Zahlen (2)... 121
KV 49	So heißen meine Freunde! (2)......... 79	KV 92	Legespiel mit Mengen und Zahlen (3)... 122
KV 50	So heißen meine Freunde! (3)......... 80	KV 93	Zerlegehäuser (1) 123
KV 51	Auf und ab im Lesehochhaus 81	KV 94	Zerlegehäuser (2) 124
KV 52	Wortanfänge lesen 82	KV 95	Kleine Zahlenhäuser: Zahlen zerlegen .. 125
KV 53	Silbenpuzzle (1) 83	KV 96	Große Zahlenhäuser bis 20........... 126
KV 54	Silbenpuzzle (2) 84	KV 97	Wie alt sind die Glückskäfer? 127
KV 55	Leselotto und Lesememory........... 85	KV 98	Meine bunte Perlenkette 128
KV 56	Klammerwörter (1) 86	KV 99	Punktemauern.................... 129
KV 57	Klammerwörter (2) 87	KV 100	Zahlenmauern.................... 130
KV 58	Mein Wörterquartett (1) 88	KV 101	Rechenscheibe (1) 131
KV 59	Mein Wörterquartett (2) 89	KV 102	Rechenscheibe (2) 132
KV 60	Mein Wörterquartett (3) 90	KV 103	Meine große Lernuhr: Die Uhr und Uhrzeiten................ 133
KV 61	Mein Wörterquartett (4) 91	KV 104	Leere Uhr: Wie spät ist es? 134

Für wen ist dieses Buch gedacht?

Gerade im Vorschul- und Primarschulbereich gestaltet sich das Leistungsspektrum der Kinder zunehmend heterogen. Daraus resultiert die Forderung nach **verstärkter Individualisierung** und nach Reduktion normativer Erwartungen.

Dieser Begleiter zur **Förderung von Vorschul- und Schulkindern** richtet sich

- an Erzieherinnen in Kindertagesstätten,
- an Erstklasslehrkräfte,
- an Pädagogen, die leistungsschwächere Kinder in den Jahrgangsstufen 1 und 2 gezielt fördern wollen,
- an Eltern von Kindern im Alter zwischen fünf und sieben Jahren,
- an all diejenigen von Ihnen, die zurückgestellte Kinder oder Schulanfänger unterstützen wollen und
- an Eltern, die ihre überdurchschnittlich gut entwickelten Vorschulkinder leistungsadäquat voranbringen möchten.

Der vorliegende **Band 2** ist analog zum Band 1 aufgebaut. Er bietet Ihnen wieder viele für einen **erfolgreichen Schulstart** erforderliche Inhalte zu den Bereichen Sprachförderung, Lesenlernen und Rechnenlernen auf einem kindgemäßen Niveau mit hohem Anteil an Selbsttätigkeit.

Ausgehend von jeweils grundlegenden Fähigkeiten und Fertigkeiten in den oben genannten drei Teilbereichen können Sie so mit Kindern während der Vorschulzeit oder zwischen Schuleinschreibung und Schulbeginn ein **Fundament** für einen erfolgreichen Schulstart legen. Die materialgeleitete Förderhilfe eignet sich ebenso für eine Aufarbeitung von **Entwicklungsrückständen,** die in der Kindertagesstätte oder zu Beginn des ersten Schulbesuchsjahres augenscheinlich werden.

Aber auch **überdurchschnittlich weit entwickelte Vorschulkinder** können Sie mit diesem Buch entsprechend ihren Vorkenntnissen adäquat voranbringen und somit einer Unterforderung vorbeugen.

Im ersten Teil des Buches finden Sie zu drei grundlegenden Fähigkeitsbereichen sorgfältig ausgewählte **Materialien** farbig abgedruckt. Sie sind im Aufwand möglichst einfach gehalten, preiswert, meist auch selbst herzustellen und werden nach bewährter durchgehender Struktur vorgestellt:

- Mögliche Förderziele
- Konkreter Materialbedarf
- Einsatz/Handhabung des Materials
- Mögliche Variationen der Verwendung
- Hinweise zur Kontrolle der Aufgaben
- Praktische Tipps für die Umsetzung

Im zweiten Teil werden die für die Fördermaßnahmen notwendigen **Kopiervorlagen** angeboten, so dass eine enge Verzahnung der Förderung im Vorschul- bzw. Primarschulbereich mit häuslichen Stützmaßnahmen gewährleistet ist.

Viel Freude und viel Erfolg beim Arbeiten mit dieser zeitsparenden, effektiven und auf Selbsttätigkeit ausgerichteten **Praxishilfe**!

Weitere motivierende **Fördermöglichkeiten** auf dem Weg vom Kindergarten zur Grundschule finden Sie im Band 1 dieser Reihe (Best.-Nr. **4320**) und in den beiden Bänden „Für Mathe gut gerüstet" (Best.-Nr. **4643** und **4813**). Eine lohnenswerte Ergänzung zum vorliegenden Band!

I.
Sprachförderung

Sprachförderung — Lautgebärden

Meine Geheimzeichen

Förderziele

- Lese- und Rechtschreibprozess unterstützen. Visuell-auditive Merkfähigkeit stärken.
- Hören, Sehen und Sprechen über die Hand- und Mundmotorik begleiten und kontrollieren.
- Laute erkennen, unterscheiden und merken.
- Geheimzeichen den Laut- und Schriftzeichen zuordnen.
- Geheimzeichen in Schriftzeichen „übersetzen" und notieren. Geheimzeichenfolge (2, 3 Zeichen) notieren, Kinder zur Laut- und Lesesynthese befähigen.

Material

- KV 1–4, S. 31–34
- ein Satz Lautgebärdenbilder (s. Tipp)
- Handspiegel
- Papier, Bleistift

Einsatz/Handhabung

- Partner-, Gruppenarbeit
- Den Kindern die Bilder (KV 1–3, S. 31–33) zeigen und erklären: Handzeichen, Laut und Schriftzeichen vormachen. Kinder ahmen nach. Laute artikuliert sprechen.
- Auszuführende Gebärden vor einem Spiegel genau betrachten. Mit dem Handspiegel kontrollieren und Mundmotorik fühlen.
- Bereits bekannte Laut- und Schriftzeichen und die Anlautbilder der Buchstabentürme (KV 4, S. 34) ansehen, wiederholend festigen.

Variation

Geheimsprache notieren
- Zwei oder drei Lautgebärden (zunächst Vokal-Konsonanten-Verbindungen) deutlich anzeigen.
- Kinder lautieren in der angezeigten Reihenfolge mit.
- Die Lautabfolge in Schriftzeichen umsetzen.

☛ **Tipp**

Lautgebärdenbilder in DIN A4 können über den Auer Verlag („Das Auer Handzeichensystem", Best.-Nr. **3757**) erworben werden.

Wörtersuche

Förderziele

- Lautgebärden, Phoneme und Grapheme als Einheit kennen und durch Eigenaktivität erleben.
- Lautgebärde und Anbindungswort nennen; weitere passende Wörter gemeinsam finden.
- Genaue Artikulation und Lautbildung üben.
- Sozialkompetenz in der Zusammenarbeit mit Lernpartner(n) steigern.
- Konzentriert arbeiten lernen.
- Durch Modulation der Stimme Aussprache verbessern.

Material

- KV 5, S. 35
- Bilder oder Gegenstände: Auswahl richtet sich nach den zu identifizierenden An-, In- und Endlauten
- Lautgebärdenbilder und Buchstabentürme (s. links)

Einsatz/Handhabung

- Einzel-, Partner- oder Gruppenarbeit
- Bilder oder Gegenstände werden ausgelegt und namentlich bezeichnet, dabei die Begriffe geklärt.
- Die L./Erz. macht eine Gebärde durch Handzeichen vor, das Kind nennt den Laut und ahmt das Handzeichen nach.
- Ein Lautzeichen wird anhand der Buchstabentürme gezeigt und das Anbindungswort genannt. Die L./Erz. gibt an, ob der Buchstabe als An-, In- oder Endlaut bei den Bildern oder Gegenständen vorhanden sein soll.
- Das Kind wählt durch exakte Artikulation und Lautgebärdenunterstützung gewünschte Bilder oder Gegenstände aus und ordnet sie dem entsprechenden Geheimzeichen zu.

Variation

Zungenbrecher
- Zur Schulung der genauen Artikulation und Lautbildung KV 5, S. 35 einsetzen. Lieblingszungenbrecher auswählen und moduliert vortragen.

Kontrolle

- L./Erz., Handzeichen, KV

☛ **Tipp**

Weitere Ideen zu den Buchstabentürmen in „Das kann ich schon im (Vor-)Schulalter Band 1" (Best.-Nr. **4320**).

Sprachförderung

Nimm zwei oder drei aus der Kiste!

Förderziele

- Sprach- und Begriffsicherheit durch Sprechübungen erlangen.
- Eigenschaften durch Vergleichen genau benennen und sprachlich exakt formulieren: „ … ist größer, kleiner, höher, niedriger, schwerer, leichter, länger, kürzer als … der kürzeste, längste … " Dadurch Relationsbegriffe sichern.
- Sich die ertasteten Gegenstände antizipierend vorstellen und bewusst machen.

Material

- KV 6–9, S. 36–39
- verschiedene Gegenstände gleicher Sorte: verschieden lange Stifte und Stoffbänder, Kugeln aus Alufolie in verschiedener Größe, Steine, Bausteine …
- leerer Schuhkarton
- evtl. Maske oder Halstuch
- Bleistift, Farbstifte

Einsatz/Handhabung

- Partner-, Gruppenarbeit
- Gegenstände einer Sorte auf dem Tisch auslegen und benennen. Durch direkten Vergleich gibt die L./Erz. beschreibend die Eigenschaften vor: „Das Stoffband ist länger als … kürzer als … das kürzeste von allen, das längste usw."

Variation

Dinge tasten und vergleichen
- Kinder wenden durch Tastübungen Relationsbegriffe an: Dinge gleicher Sorte in eine Schachtel geben, zwei oder drei herausnehmen und aus der Vorstellung vergleichen. Unter Verwendung der gelernten Relationsbegriffe Sätze sprechen.
- Zur Sicherung KV 6–9, S. 36–39 bearbeiten.

Kontrolle

- L./Erz., KV

☞ Tipp

- KV 6–9, S. 36–39 laminieren. Die Stifte, Türme, Elefanten können zuvor ausgeschnitten und ausgemalt werden.
- Durch Handlungsvollzüge die Relationsbegriffe sprachlich wiederholt verdeutlichen und festigen.

Relationen/Präpositionen

Krokodile lauern überall

Förderziele

- Raum-Lage-Beziehungen sicher kennen.
- Den Partner durch exakte Ansage auf dem Spielfeld zum Ziel führen.
- Präpositionen lernen und sprachlich präzise wiedergeben: nach oben, nach unten, nach links, nach rechts, links oben, rechts unten …
- Aufmerksam arbeiten und Sozialkompetenz steigern.

Material

- KV 10–12, S. 40–42
- 2 Spielfiguren, Farbstifte

Einsatz/Handhabung

- Partnerarbeit
- KV 10, S. 40 auf 141 % vergrößern.
- Vor dem Spielbeginn mögliche Wege durch das „Wasser" mit dem Finger zeigen. Überlegen, wie der Partner sicher durch das Labyrinth der Krokodile geführt werden kann.
- Notwendige Präpositionen mit den Kindern besprechen und wiederholend erklären (s. Tipp).
- Dann das Spiel gemäß der Anweisung durchführen.

Variationen

Schwierigkeitssteigerungen
- Durchführung mit nicht ausgemalter KV 10.
- Auf leerem Plan ein neues Labyrinth konzipieren. Dazu auf ein DIN-A3-Blatt mit Lineal und Bleistift ein Gitter zeichnen.

Bunte Felder
- Bearbeitung von KV 11/12, S. 41/42 wie angegeben. Der Spielführer gibt an, wie/was in die Felder gemalt werden soll.

Kontrolle

Spielführer, Partner

☞ Tipp

- Weitere Förderübungen zur Raum-Lage-Beziehung und speziell zur Links-Rechts-Unterscheidung siehe Band 1 (Best.-Nr. 4320) und „Rechenschwäche überwinden Band 1" (Best.-Nr. 3920), beides Auer Verlag.

Sprachförderung — Wortschatz erweitern

Mein großes 100-Bilder-Quadrat

Förderziele

- Aktivwortschatz überprüfen und ausweiten.
- Den Sinngehalt klären und Sätze bilden.
- Klassifizierungen vornehmen, Gruppen bilden.
- Fragen zu Bildern stellen, Dinge beschreiben und raten.
- Raumrichtungen und Begriffe trainieren, z.B. „zwischen, nach links, 3 Felder nach unten ...", dabei Spielpartner führen. (Gute Vorübung zur Arbeit mit dem Hunderterfeld!)

Material

- KV 13–15, S. 43–45
- so viele Spielfiguren wie Teilnehmer
- ca. 25 verschiedenfarbige Plättchen pro Mitspieler
- Würfel, Buntstifte, Bleistift

Einsatz/Handhabung

- Partner-, Gruppenarbeit
- Das Kind benennt auf KV 13, S. 43 die Abbildungen, die es kennt. Unbekannte Bilder erklären.
- Durch Würfeln sich auf dem Bilderquadrat vom ersten Bild (Hund) bis zum letzten Bild (Igel) bewegen. Nach jedem Würfeln das Bild benennen und einen Satz bilden.

Variationen

Auf und ab auf dem Bilderquadrat

- Unter genauer Richtungsangabe führen sich die Spielpartner auf dem Bilderquadrat umher. Das Ausgangsfeld wird zu Spielbeginn vereinbart.

Plätze besetzen

- Nach der Reihe belegen die Kinder mit ihren Plättchen die Felder des Bilderquadrats, benennen den Gegenstand und bilden einen Satz.

Was ist denn das? Was fehlt denn da?

- Bearbeitung von KV 14/15, S. 44/45.
- Abbildungen erkennen, benennen, nachfahren.

Kontrolle

- L./Erz., Kind, KV

☛ **Tipp**

- Bei Kindern mit Raumorientierungsproblemen KV 13, S. 43 an den dicken Linien in 4 Teile schneiden und zunächst nur mit einem Segment (25er-Feld) arbeiten.

1, 2, 3, an der Angel hängt ein ...

Förderziele

- Individuellen Wortschatz erweitern und sichern.
- Den veränderten Sinn durch neue Wortzusammensetzungen erkennen: Sprachlogik offenbaren.
- Sinneinheiten erkennen, dem Partner erklären.
- Lustige Wörter bilden. Artikel wiederholen.
- Feinmotorik (Auge-Hand-Koordination) trainieren.
- Links-Rechts-Richtung beim Wörtervorsagen einhalten.

Material

- KV 16/17, S. 46/47
- Angelspiel (s. Tipp)
- ca. 20 Büroklammern
- Schere, Buntstifte

Einsatz/Handhabung

- Einzel-, Partner-, Gruppenarbeit
- Die Kärtchen von KV 16, S. 46 benennen, evtl. ausmalen. KV laminieren, dann Kärtchen ausschneiden. An jede Bildkarte eine Büroklammer stecken. Bildkarten in das Aquarium legen und mit der Angel Bildkarte für Bildkarte angeln.
- Bild benennen und Satz bilden.

Variationen

Aus zwei mach eins!

- Die Bilder in das Aquarium legen. Raten, was an der Angel hängen könnte. Anschließend zwei Bilder angeln und nebeneinanderlegen.
- Wortschöpfung sagen. Lustige neue Wörter durch verschiedenes Legen bilden (Beispiel: Topf + Brot = Topfbrot/ Brot + Topf = Brottopf)

Bilderrätsel lösen

- KV 17, S. 47 kopieren, die Bilder ausmalen und benennen. Je zwei Bilder ergeben ein sinnvolles Wort. Durch Vorsprechen den Sinn klären.

Kontrolle

- Gruppe, Partner, KV

☛ **Tipp**

- Komplettes Angelspielset beim VLS Verlag erhältlich (Best.-Nr. **6044** über www.vls-verlag.de oder über den Auer Verlag).

Sprachförderung — Wortschatz erweitern

Die Reise mit dem Würfel

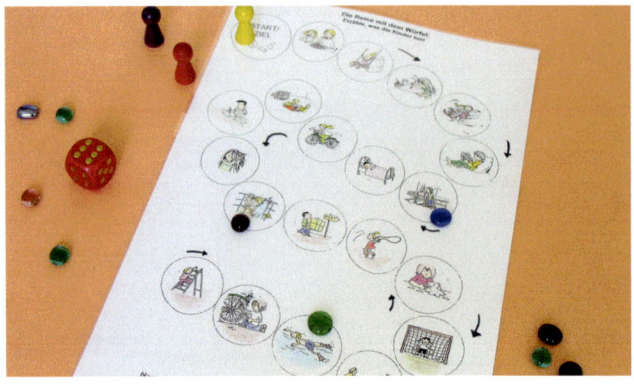

Förderziele

- Tätigkeiten erkennen, imitieren und benennen.
- Zum flüssigen und spontanen Sprechen anregen.
- Bewegungsaktivität zum Bild vorführen und raten.
- Genaues Beobachten trainieren: Mimik und Gestik bewusst einsetzen.
- Fragen bilden und verneinen. Angemessen antworten.
- Mengenauffassung schulen (s. Tipp).

Material

- KV 18, S. 48
- Würfel
- so viele Spielfiguren (Muggelsteine) wie Mitspieler

Einsatz/Handhabung

- Partner-, Gruppenarbeit
- KV 18, S. 48 auf 141 % vergrößern.
- Nach der Anleitung spielen. Tätigkeiten zusätzlich motorisch darstellen.
- Das Spiel kann beliebig lange fortgesetzt werden. Die Zeitdauer des Spiels kann aber auch mit einer Sanduhr festgelegt werden.

Variation

Muggelsteine legen

- Jedes Kind hat einen Muggelstein. Nach der Reihe darf nun jedes Kind seinen Stein auf ein beliebiges Feld legen und zu den Abbildungen Fragen stellen: „Schwimmt der Junge? Was essen die Kinder? Spielst du auch Fußball? Welches Buch liest du? Was könnte in dem schweren Paket sein? Wie oft hüpft das Mädchen mit dem Springseil?" (Genannte Anzahl mit Springseil nachmachen!)

Kontrolle

- Mitspieler, KV

☞ **Tipp**

- Hierfür sehr gut geeignet sind die Doppelwürfel aus dem VLS Verlag (Best.-Nr. **6047** und **6058** über www.vls-verlag.de oder über den Auer Verlag).
- Alternativ zum Würfel können Ziffernkärtchen, z. B. bis 10 beschriftet werden, die dann von den Spielern gezogen werden.

Schuhsohlenmemory

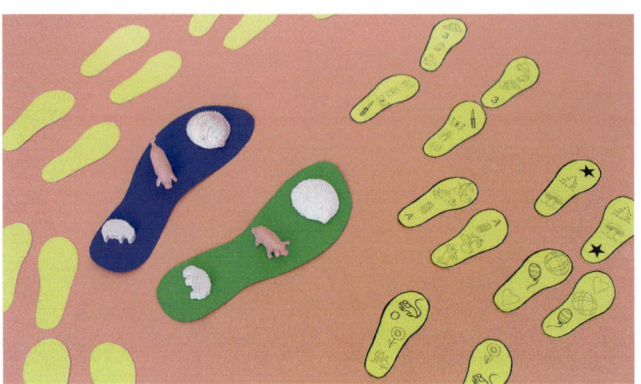

Förderziele

- Schuhsohlenpaare anhand bildhafter Darstellung identifizieren und Wahl begründen.
- Bewusstsein für die linke und rechte Seite schärfen.
- Begriffe „… ist einmal da" und „… ist zweimal da" anwenden, daraus die Ausdrücke „das Doppelte" und „die Hälfte" sichern und durch das Sprachspiel klar werden lassen (s. Tipp). Pluralbildung üben. Gelernte Begriffe im Sprachspiel anwenden.
- Mit Spielpartner sprechen und sich austauschen.
- Merkfähigkeit und genaues Beobachten trainieren. Paare auch in veränderter Anordnung der Bilder erkennen und merken können.

Material

- KV 19/20, S. 49/50
- Tonpapier
- Schere, Filzstift
- 3 mal 2 identische kleine Gegenstände

Einsatz/Handhabung

- Einzel-, Partner- und Gruppenarbeit
- Aus dem Tonpapier ein Fußsohlenpaar schneiden (s. Tipp).
- Mit jeweils identischen Gegenständen belegen. Zunächst z. B. erzählen, was auf der linken Schuhsohle liegt. Auf die rechte Schuhsohle das gleiche Ding auflegen. Begriffe „ist einmal, zweimal da" und „das Doppelte, die Hälfte".

Variation

- KV 19/20, S. 49/50 kopieren, Schuhsohlen ausschneiden, Bilder betrachten und benennen. Sohlen mischen, verdeckt auflegen und wie beim Memoryspiel durch Aufdecken von je einer rechten und linken Sohle identische Paare finden.

☞ **Tipp**

- Ein Schuhsohlenpaar der KV vergrößern und als Schablone verwenden.
- Die Sicherung der Begriffe „das Doppelte" und „die Hälfte" ist eine gute Vorübung für das spätere Zahlenrechnen!

Sprachförderung — Wortschatz erweitern

Ein fröhlicher Flug – Wer darf alles mit?

Förderziele

- In motivierender Form weitere Spracharbeit leisten. Aktivwortschatz einsetzen und festigen.
- Neue und bekannte Satzmuster im Sprachgebrauch anwenden. Dadurch Sprachsicherheit erlangen. Bildmotive in anderen Sprachen nennen.
- Weitere Kategorien finden und benennen, z. B. Besteck, Tiere, Fahrzeuge, Süßigkeiten, Spielsachen, Kleidungsstücke … Bekannte Oberbegriffe sichern.
- Feinmotorik durch Ausmalen, Malen und Schneiden trainieren.

Material

- KV 21/22, S. 51/52
- Buntstifte, Schere
- Stück Bindfaden, Nadel
- Stück Pappkarton der Größe DIN A4

Einsatz/Handhabung

- Partner- und Gruppenarbeit
- KV 21, S. 51 kopieren und betrachten. Zum Ballon und zu möglichen Ausflügen/Ausflugszielen, von eigenen Erlebnissen erzählen.
- Bildmotive im Ballon bezeichnen, dazu erzählen.

Variation

Wer darf alles mit?
- KV 21, S. 51 für Partnerarbeit/Gruppe kopieren.
- Ein Kind sagt, wer alles mitfliegen darf, z. B. „der Hund, die Giraffe, der Tisch …" Der Partner sucht das Bild auf der KV und darf es ausmalen.
- Schwierigkeitssteigerung: Ein Kind nennt einen Oberbegriff, z. B.: „Alle Tiere!" Der Partner sucht und benennt alle Tiere und malt sie aus.
- Ballon auf Pappkarton kleben und ausschneiden. Ein Stück Bindfaden befestigen und im Zimmer aufhängen (s. Tipp).

Kontrolle

- Partner, L./Erz., KV

☛ Tipp

- Auf die leere KV 22, S. 52 können in freier Form weitere Dinge aufgemalt werden, die „mitfliegen" dürfen.

Deckelchenspiel

Förderziele

- Durch anregende Spielform Sprachaktivität provozieren, dadurch den Wortschatz und Satzgefüge funktional erproben und miteinander verknüpfen.
- Merkfähigkeit und visuell-auditives Gedächtnis trainieren.
- Farbkenntnisse wiederholen und sichern.

Material

- 4–6 etwa gleich große Schraubverschlüsse, z. B. von Marmeladengläsern
- ausgeschnittene Bildmotive, z. B. aus Katalogen oder von Kopiervorlagen
- Schere, Kleber, Tonpapierreste
- Farbwürfel (s. Tipp)

Einsatz/Handhabung

- Einzel-, Partner- und Gruppenarbeit
- Jeder Schraubverschlussdeckel wird mit den Grundfarben (Rot, Blau, Grün, Gelb, Weiß, Schwarz) bemalt oder mit farbigem Tonpapier beklebt.
- Die Bildkärtchen werden mit der Bildseite nach oben auf dem Tisch verteilt und die Begriffe geklärt.
- Der erste Mitspieler legt Deckel für Deckel über ausgewählte Bilder, sodass das jeweilige Motiv vollständig verdeckt ist. Er spricht dabei: „Unter dem roten Deckel ist ein Hase, unter dem blauen Deckel ist ein Messer …"
- Der Partner muss nun sagen, was sich unter jedem Deckelchen befindet.

Variation

Aufdecken mit Farbwürfel
- Ein Spieler würfelt z. B. „blau". Er muss sich erinnern, was unter dem blauen Deckel liegt. Rät er richtig, darf er die Bildkarte nehmen und verdeckt vor sich hinlegen. Stimmt die Vorhersage nicht, wird der Deckel wieder über das Bild gelegt. Die Farbe Blau darf beim nächsten Würfeln nicht genommen werden. (Zweites Mal würfeln!)

Kontrolle

- immanent

☛ Tipp

- Farbwürfel gibt es im Spielwarenhandel.

Sprachförderung — Kategorien bilden

Mein Spielzeugregal

Förderziele
– Den individuellen Wortschatz überprüfen, erweitern und merken. Erzählen und zuhören.
– Kategorien bilden, Ober- und Unterbegriffe nennen und aufzählen.
– Klar artikulieren, Wörter und Sätze (nach-)sprechen und einprägen. Pluralbildung üben.
– Räumliche Begriffe nachhaltig wiederholen und sichern (s. Tipp).

Material
– KV 23, S. 53
– Buntstifte
– kleines Regal oder Setzkasten bzw. ca. 4–6 kleine Kartons (s. Tipp)
– beliebige Anzahl (kleinerer) Spielsachen

Einsatz/Handhabung
– Partner-, Gruppenarbeit
– KV 23, S. 53 anschauen und sich dazu äußern.
– Bekannte und unbekannte Spielwaren kennenlernen und bezeichnen, neue Begriffe lernen und merken. In Sätzen sprechen. Bilder ausmalen. Von eigenen Spielsachen zu Hause erzählen, ggf. mitbringen und zeigen.
– Beschreiben, wo sich die Spielsachen genau befinden (im linken, mittleren oder rechten Regal – oben oder unten – in der Mitte, links oder rechts), s. auch S. 8 und 41/42 „Bunte Felder").

Variationen
Spielsachen aufräumen
– Spielsachen in Schuhkartons einsortieren, z. B. Stofftiere, Sandspielzeug, Fahrzeuge, Bausteine, Bücher, Bälle, Puppen, Musikinstrumente … und sich zu den Handlungen verständlich äußern.

Setzkasten
– Ein Regal mit kleinen Spielzeugen einräumen, dazu deutlich sprechen: „Ich räume alle Bälle, Spiele, Stofftiere, Puppen, Spielzeugautos … ein."

☞ Tipp
– Alternativ können kleine leere (Schuh-)Schachteln übereinandergestellt und eingeräumt werden.
– Weitere passende Übungen hierzu in Band 1 (Best.-Nr. **4320**) und „Rechenschwäche überwinden Band 1" (Best.-Nr. **3920**).

Große Wäsche

Förderziele
– Weitere Kategorisierungen vornehmen: Ober- und Unterbegriffe finden und aufsagen.
– Gruppierungen vornehmen, z. B. Winter-/Sommerbekleidung, Kleidung bei Regenwetter. Beschreiben und treffsicher formulieren.
– Komplexe Sätze zur Thematik bilden; Satzgefüge dauerhaft einprägen und verfügbar halten.
– Geschickt formulieren, miteinander kommunizieren.
– Plural bilden, merken und im Sprachgebrauch anwenden.

Material
– KV 24, S. 54
– Anziehpuppen mit Bekleidung, alternativ Puppe mit Kleidungsstücken (s. Tipp)
– 2–3 dicke Stricknadeln oder Holzstäbe
– Stück Schnur als Wäscheleine
– 2 Stränge Knetmasse
– kleine Klammern (s. Tipp)

Einsatz/Handhabung
– Einzel-, Partner- und Gruppenarbeit
– Anziehpuppenbogen betrachten und Bekleidung nennen. Von eigener Kleidung erzählen: „Ich habe auch einen roten Pullover …" Anziehpuppen und Bekleidung vom Bogen trennen.
– Stricknadeln mit Schnüren verbinden, mit Sekundenkleber fixieren. Stäbe in Knetmasseklumpen stecken. Kleidungsstücke mit Klammern an Leine befestigen. Spracharbeit leisten: „Ich hänge die Hose auf, den roten Hut ..."

Variation
Großer Waschtag
– Was wurde alles gewaschen? Kinder benennen die Kleidungsstücke und bilden den Plural.
– Körperteile lernen und zeigen, s. KV 24, S. 54 unten.

Kontrolle
– Partner, L./Erz.

☞ Tipp
– Anziehpuppenbögen aus Pappe sind im Spielwarenhandel erhältlich.
– Kleine farbige Klammern gibt es beim VLS Verlag (www.vls-verlag.de), Best.-Nr. **4999**.

Sprachförderung — Kategorien bilden

Ich kenne viele Tiere

Förderziele

- Auf vorhandene Sprachkenntnisse aufbauen, diese nutzen und kontinuierlich erweitern. Dabei verständlich und ausdrucksvoll sprechen.
- Gruppen bilden: Unterscheiden von Tieren im Haus, im Wald, bekannte Zootiere, Tiere, die im Wasser leben, fliegen können … Tierstimmen und charakteristische Bewegungen imitieren.
- In einem Tierlexikon nachschlagen, sich informieren und sein Wissen weitergeben.
- Feinmotorik üben (Basteln, Schablonen).

Material

- KV 25/26, S. 55/56
- kleine Tiere aus Plastik oder Holz
- (Bastel-)Hölzchen, Strohhalme, Holzwolle
- (Tier-)Schablonen (s. Tipp), (Tier-)Lexikon
- Krepppapierreste, Malkasten oder Buntstifte

Einsatz/Handhabung

- Partner-, Gruppenarbeit
- Tiere der KV 25, S. 55 betrachten und namentlich benennen. Über Tiere, eigene Haustiere und persönliche Erlebnisse mit Tieren sprechen.
- Lebensgewohnheiten der Tiere erörtern.
- In einem Tierlexikon nachschlagen, Bilder betrachten und sich Texte vorlesen lassen.
- Mit Bastelhölzchen und anderen Materialien Ställe und Zäune gemeinsam mit den Kindern bauen. Krepppapier knüllen und damit Steine, Bäume … darstellen.

Variationen

Schablonenbilder: Tiere
- Mit Tierschablonen arbeiten und die Umrisse auf Papier übertragen, z. B. ein „Meerbild" gestalten.

Fahrzeuge und Möbel
- KV 26, S. 56 kopieren und Dinge benennen.
- Zusätzlich in einen Schuhkarton hinein sein Zimmer mit verschiedenen Materialien bauen.

☞ Tipp

- Viele motivierende Kopiervorlagen zur Sprach- und Schreibförderung in „Gut vorbereitet auf den Schreiblehrgang" (Best.-Nr. **4574**, Auer Verlag).
- (Tier-)Schablonen gibt es im Schreibwarenhandel.

Einkaufen

Förderziele

- Weitere Kategorisierungen vornehmen.
- Zuordnungen begründen und versprachlichen.
- Wortschatz ausbauen, erweitern und weiterentwickeln. Im Rollenspiel in Sätzen sprechen und Verkaufs- und Einkaufssituationen kreativ darstellen; Ausdrucksmöglichkeiten erproben.
- Geldscheine und Münzen wiederholen, Geldwerte vergleichen (vgl. hierzu Band 1).
- Bezeichnungen in anderen Sprachen mitteilen und kennen lernen.
- Gruppenfähigkeit und Sozialkompetenz stärken.

Material

- KV 27–30, S. 57–60
- beliebige Gegenstände als Einkaufs- und Verkaufsware
- alternativ ausgeschnittene Bilder der KV 28–30, S. 58–60 oder/und aus Werbeprospekten
- Schere, Buntstifte, Plakatkarton, Kleber
- Spielgeld (s. Tipp)

Einsatz/Handhabung

- Partner- und Gruppenarbeit
- Einkaufs- und Verkaufsware auslegen und sich dazu äußern. Von eigenen Einkäufen in verschiedenen Geschäften sprechen. Preise nennen.
- Verkaufsware den verschiedenen Geschäften/Abteilungen im Supermarkt zuordnen.
- Im Rollenspiel Einkäufer und Verkäufer darstellen. Mit (Spiel-)Geld umgehen lernen. Geld wechseln.

Variationen

Einkaufen
- Ein Kind nennt/zeigt einen Gegenstand und fragt seinen Partner, in welchem Geschäft er diesen kaufen kann.
- Oder: Ein Ding passt nicht zur Gruppe, z. B.: „Das Brot kaufst du nicht im Schuhladen."

Was ich gerne esse
- KV 30, S. 60 betrachten und sich darüber äußern.
- Über Lieblingsspeisen und typische Gerichte anderer Länder berichten. Speisenplakat erstellen.

☞ Tipp

- Spielgeldbögen sind bei Sparkassen erhältlich.

Sprachförderung — Erzählen/Nacherzählen

Suchbild/Bildergeschichte

Förderziele

- Genaues Betrachten und Beobachten schulen.
- Veränderungen im Vergleich feststellen, diese sprachlich bezeichnen und markieren.
- Logische Abfolgen mittels Bildvorlagen erkennen.
- Bilder in die richtige Reihenfolge ordnen, Wahl durch Erzählen der Handlung begründen.
- Spezifischen Wortschatz ausweiten.
- Einen Sachverhalt von verschiedenen Seiten aus betrachten, mitteilen und verstehen lernen.
- Mimik und Gestik von Personen deuten und interpretieren; Beobachtetes sprachlich umsetzen.

Material

- KV 31, S. 61
- Schere
- Stift

Einsatz/Handhabung

- Einzel-, Partner- und Gruppenarbeit
- Suchbild: Die Kinder betrachten die beiden scheinbar identischen Bilder der KV 31, S. 61 oben. Sie entdecken die „Fehler" und beschreiben sie.
- Die Unterschiede in einem Bild markieren und mit dem Partner/der Gruppe vergleichen.
- Unterschiede sprachlich umschreiben.
- Bildergeschichte: Die drei Bilder der KV 31, S. 61 unten ausschneiden und ggf. laminieren.
- Das Kind betrachtet die Bilderfolge genau, ordnet sie in der richtigen Abfolge des Handlungsablaufes und äußert sich dazu.
- Fragen zur Geschichte stellen.

Kontrolle

- L./Erz., Mitspieler, KV

☛ Tipp

- Bei Kindern mit seriellen Problemen und Schwierigkeiten in der Handlungsvorstellung und -planung bitte zunächst die richtige Bilderfolge vorlegen. Danach erst die verkehrte Bildabfolge anbieten.

Erzählbilder

Förderziele

- Neue Gedanken und Beziehungen erforschen: Von eigenen Erlebnissen zum Thema erzählen.
- Interesse und Einsicht zum Thema wecken.
- Fantasie anregen und Äußerungsmuster erproben. Dabei lernen, sich präzise auszudrücken.
- Individuellen Wortschatz ausweiten und verinnerlichen. Sich in Satzgefügen äußern und verständigen. Den Sinn des Gesprochenen verstehen.
- Konzentriert arbeiten, Figur-Grund-Wahrnehmung schulen.
- Soziale und kommunikative Fähigkeiten fördern: Zum Inhalt sprechen und zuhören.
- Impulssätze zur Sprachaktivierung vorgeben.

Material

- KV 32–38, S. 62–68
- Blatt Papier zum Herstellen der „Maske" (s. Tipp)
- Schere, Buntstifte

Einsatz/Handhabung

- Ein Bild von KV 32–38, S. 62–68 betrachten und dazu spontan erzählen. Persönliche Erlebnisse zum jeweiligen Themenbereich einbringen.
- Oder: Die L./Erz. erzählt zum Bild, das Kind hört zu. L./Erz./Kind stellt Fragen und/oder ergänzt.

Variationen

Bilddetektiv
- Auf das Blatt Papier ein Schlüsselloch oder einen Kreis malen und ausschneiden.
- Die Maske über dem Bild hin und herschieben. Über die veränderten Bildausschnitte sprechen. Die Bildausschnitte am Rand der Kopiervorlagen im Bild auffinden.
- Das Erzählbild (auch teilweise) ausmalen: „Male aus, was Mama eingekauft hat!"

Bilderpuzzle
- Bild(er) in beliebige Teile schneiden und wieder zusammenfügen. Dazu erzählen.

Kontrolle

- L./Erz., Partner, KV

☛ Tipp

- Leere Diarähmchen eignen sich ebenso gut, um Bildausschnitte hervorzuheben.

II.
Lesen

Lesen — Symbole unterscheiden

Drache Kuno spuckt …

Förderziele

- Ziffern, Zahlen, Buchstaben, Formen und andere Zeichen voneinander unterscheiden.
- Die Symbolrepräsentanz der Zeichen erklären.
- Diese Zeichen in der unmittelbaren Umwelt auffinden. Genau betrachten und Bedeutung klären.
- Weitere Zeichen finden, nennen, zeigen und ggf. schreiben oder mit Schablonen arbeiten.

Material

- KV 39/40, S. 69/70
- verschiedene Buchstaben/Ziffern, z. B. aus Moosgummi oder Buchstaben-/Ziffernschablone (s. Tipp)
- 3–5 kleinere Schachteln oder Becher
- Bleistift, 3–4 verschiedenfarbige Buntstifte
- Lernfigur Drache
- Schablonen mit Ziffern und Buchstaben

Einsatz/Handhabung

- Einzel-, Partner- und Gruppenarbeit
- Verschiedene Buchstaben, Ziffern, Zahlen auslegen, darüber sprechen: „Wer kennt welche Zeichen, wofür werden sie gebraucht? Wo finden wir sie?" Die Kinder betrachten die Symbole und äußern sich dazu.
- Die verschiedenen Symbole werden in die Schachteln einsortiert. Falls bekannt, werden die Dinge genau bezeichnet. Drache Kuno passt genau auf und hilft weiter, wenn ihn die Kinder fragen!
- Mit Buchstaben-/Ziffernschablonen Konturen nachfahren.

Variationen

Lesen, Schreiben, Rechnen
- Zeichen, die zum Lesen, Schreiben und Rechnen gebraucht werden, in Schachteln sortieren.

Drache Kuno spuckt …
- KV 39, S. 69 für jedes Kind kopieren. Über die abgebildeten Zeichen sprechen und sie benennen. Symbolgruppen mit derselben Farbe einkreisen.
- Zur Sicherung KV 40, S. 70 bearbeiten.

☛ Tipp

- Ziffern und Buchstaben aus Moosgummi sowie Schablonen sind in Schreibwarengeschäften erhältlich. Alternativ Symbolzeichen aus Zeitschriften ausschneiden.

Diese Zeichen kenne ich!

Förderziele

- Vgl. auch linke Spalte!
- Über das Vorkommen von Symbolen in der direkten Lebensumwelt berichten.
- Klassen durch Sortieren bilden: Mitglieder einer Kategorie auffinden und Basisobjekten zuordnen.
- Ein stabiles System an Bedeutungsmerkmalen herausarbeiten und wiederholend festigen.
- Spracharbeit leisten: Sach- und Hintergrundwissen zeigen und erweitern. Fragen stellen und darauf antworten.
- Die Vermittlung von Informationen über Bilder erfahren.
- Aufschreiben üben.

Material

- Papier, Schablone
- Block, Stifte
- lange Papierstreifen

Einsatz/Handhabung

- Partner- und Gruppenarbeit
- Die Vorarbeiten (s. linke Spalte) aufgreifen. Äußerungen und Beobachtungen der Kinder wiederholen und vertiefend thematisieren.
- Auf einem Spaziergang Autokennzeichen entdecken und beschreiben.
- Auf dem Block Kennzeichen notieren. Städte nennen, aus denen die Autos kommen.

Variationen

Autokennzeichen
- Zu Hause Autokennzeichen aufschreiben und zeigen. Kennzeichen auf großes Blatt übertragen. Alle gesammelten Kennzeichen in einer Ausstellung (Plakate) zeigen.

Noch mehr Zeichen
- Weitere Basisobjekte suchen, bei denen Buchstaben und Ziffern miteinander vereint sind, z. B. Geldmünzen und Scheine, Kalender, Telefon/Handy … Auf Plakaten zusammenstellen.

☛ Tipp

- Ausweitung und Ergänzung, s. Kapitel I. Sprachförderung (Klassifizieren; Oberbegriffe bilden, S. 11–13).

Lesen — Phonologie

Lauteschiff und Lautefisch

Förderziele

- Die phonologische Bewusstheit im engeren Sinn wiederholen und sichern.
- An-, In- und Endlaute der gesprochenen Sprache identifizieren und an der Abbildung (Schiff oder Fisch) feinmotorisch anzeigen.
- Exakte Hör- und Sprechkontrolle üben.
- Suchlaute mit Gebärden unterstützend anzeigen.
- Schwächen im Wiedererkennen und Unterscheiden von auditiven Sequenzen abbauen.

Material

- KV 41/42, S. 71/72
- Lautgebärdenbilder (s. Tipp, S. 7)
- Stück stärkeren Karton, Schere oder Cutter
- beliebige Anzahl an Gegenständen oder Bildern

Einsatz/Handhabung

- KV 41, S. 71 kopieren, eventl. ausmalen und auf Karton kleben. Aussparungen mit Schere oder Cutter ausschneiden.
- Das Kind wählt entweder das Lauteschiff oder den Lautefisch zum Zeigen aus.
- Wörter werden vorgesprochen und ein vorher vereinbarter Suchlaut (An-, In-, Endlaut) angezeigt: Der Zeigefinger wird durch das entsprechende Loch gesteckt (linkes Loch für den Anlaut, mittleres Loch für die Inlaute und rechtes Loch für den Endlaut). Lautgebärden wirken unterstützend bei der Lautlokalisation, ebenso auf dem Tisch ausgelegte Bilder oder Gegenstände.

Variation

Fragen zu Buchstaben

- Der Spielleiter liest Satz für Satz der KV 42, S. 72 vor. Die Kinder raten den gemeinten Gegenstand.
- Wenn einige zu erratende Gegenstände auf dem Tisch ausliegen, fällt es den Kindern leichter.
- Eine Steigerung der Schwierigkeit ist es, ohne bildhafte Unterstützung zu arbeiten!

Kontrolle

- L./Erz., Partner

☞ Tipp

- Weitere Fördermöglichkeiten s. Band 1.

Lautkugeln

Förderziele

- Die phonologische Bewusstheit trainieren.
- Lautabfolgen wahrnehmen, Laute zählen und handelnd mit Lautkugelkette verdeutlichen.
- Wahrgenommene und gezählte Laute rhythmisch nachahmen, z. B. durch Klatschen, Schreiten, Klopfen, dabei Mengen- und Zahlbegriff sichern.
- Mundmotorik im Spiegel betrachten, Lautgebärden unterstützend nutzen.
- Sprechmuskulatur lockern.

Material

- KV 43/44, S. 73/74
- ca. 10 Holzkugeln (2 Farben, je 5 von jeder Sorte)
- ca. 15–20 cm lange Schnur
- Handspiegel
- Buntstift

Einsatz/Handhabung

- Einzel-, Partner- und Gruppenarbeit
- Die Holzkugeln auf die Schnur fädeln. Vorne und hinten verknoten. Dabei Fünferzäsur einhalten!
- Beliebige Wörter vorsprechen und wahrgenommene **Laute** mit Lautkugelkette symbolisch darstellen. Dabei Konsonanten (v. a. Plosive, z. B. t, p) übertrieben aussprechen und Zischlaute verstärken!
- Mit Spiegel arbeiten und Aussprache kontrollieren. Mundinnenraum spüren und betrachten.

Variationen

Lautkugeln malen

- KV 43/44, S. 73/74 bearbeiten. Bildmotiv deutlich vorsagen und wahrgenommene Anzahl der **Laute** unter dem Bild (Lautkugeln) darstellen.
- Die Lautkugeln nach der Anzahl der Laute unter jedes Bild zeichnen und ausmalen.

Mund- und Gesichtsgymnastik

- Vor dem Spiegel oder/und mit einem Partner: Lippen pressen, lockern, Augenbrauen hochziehen, Mund weit öffnen und Zahnreihen betrachten. Mund seitlich verschieben, pfeifen, hauchen …
- Zungenbrecher (s. S. 7 und KV 5, S. 35) Sprechen und Zungenbewegungen ausführen.

Kontrolle

- L./Erz., Lautkugelkette, Partner, Handspiegel

Lesen — Lautsynthese

Unterhaltung in der Silbensprache

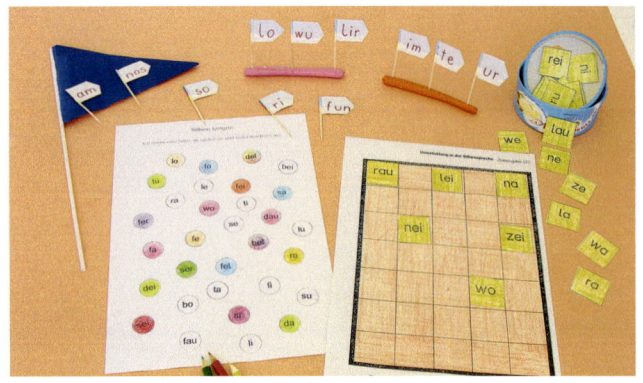

Förderziele

– Auditive, hand- und mundmotorische Leistungen und visuelle Fähigkeiten verknüpfen.
– Syntheseübungen anbahnen; Zusammenschleifen von zwei oder drei Lauten üben (Di- und Trigramme).
– Serialität in der Buchstaben- und Lautabfolge beachten und Silbenwörter bilden.
– Sich dem Bezugssystem Laut- und Schriftsprache gewahr werden.
– Lautstrom über Mundmotorik deutlich spüren.
– Lese- und Schreibrichtung von links nach rechts mit den Fähnchen anzeigen (Fahnen zeigen nach rechts).

Material

– KV 45–47, S. 75–77
– ca. 20 Fahnenpicker (s. Tipp)
– ca. 20 weiße selbstklebende Etiketten
– Packung Knetmasse
– kleine Dose

Einsatz/Handhabung

– Partner- und Gruppenarbeit
– Die Etiketten mit Silben beschriften und auf die Fähnchen kleben.
– Knetmasse in Form einer dicken Wurst formen und auf den Tisch legen. Das Kind liest die Silbe einer Fahne vor und steckt sie in die Knetmasse. Alle Kinder lesen. Jetzt wählt ein anderes Kind ein Silbenwort aus.

Variationen

Silben fangen
– Bearbeitung der KV 45, S. 75 wie beschrieben. Spielform: Silben auf Papierscheiben schreiben und auf Zuruf schnappen!

Unterhaltung in der Silbensprache
– Silbenkärtchen (KV 46, S. 76) (vor-)lesen, dann ausschneiden. Kärtchen auslegen. Der Partner weist an, welches Kärtchen in das leere Silbengitter (KV 47, S. 77) gelegt und/oder geklebt werden soll. (Silbenkärtchen in Dose aufbewahren.)

☛ Tipp

– Fahnenpicker gibt es im Supermarkt zu kaufen bzw. sind aus Zahnstochern und Papier leicht herzustellen.

So heißen meine Freunde!

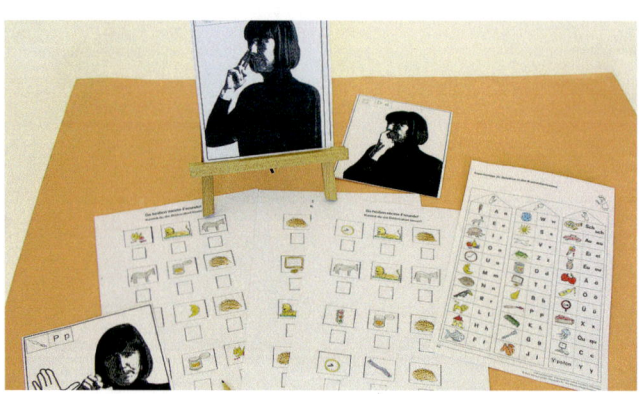

Förderziele

– Grapheme und Phoneme wiederholen, festigen und voneinander unterscheiden (s. Tipp). Buchstabenlaute auditiv und visuell erkennen.
– Mit Hilfe der Anlautbilder (Buchstabentürme vgl. S. 34) die Lautverschmelzung anbahnen und erproben.
– Laute im Kontext des gesprochenen Wortes erkennen und lokalisieren.
– Die Lautabfolge in eine Buchstabenfolge umsetzen können. Hierzu auch Lautgebärden einsetzen.
– Die Schreibmotorik trainieren.
– Zur Anbahnung der Lautsynthese vgl. Band 1.

Material

– KV 48–50, S. 78–80
– Buchstabentürme (KV 4, S. 34)
– Bleistift
– Lautgebärdenbilder (s. Tipp, S. 7)

Einsatz/Handhabung

– Einzel-, Partner- und Gruppenarbeit
– Die Anlautbilder der Buchstabentürme nochmals wiederholen.
– KV 48–50, S. 78–80 für jedes Kind kopieren.
– Buchstabenamen mit Hilfe der Anlautbilder entschlüsseln. Buchstabe unter die Anlautbilder schreiben und den Namen lesen. Die Namen können auch notiert werden.
– Unterstützung der Lesesynthese durch Einsatz der Lautgebärdenbilder.

Variation

– Die L./Erz. liest einen beliebig ausgewählten Namen der bearbeiteten KV deutlich vor. Die Kinder (einer Gruppe) zeigen, wo dieser Name steht und führen den Finger beim Vorlesen von links nach rechts mit (Pfeillinie beachten).
– Zuletzt dürfen die Anlautbilder ausgemalt werden.

Kontrolle

– L./Erz., Partner, Buchstabentürme

☛ Tipp

– Zu den Buchstabentürmen s. auch Band 1.

Lesen | Lautsynthese

Auf und ab im Lesehochhaus

Förderziele

- Das Verschleifen von Lauten wiederholen und trainieren.
- Variables Lesen üben durch Änderung der Buchstabenfolgen. Lesetechnik beherrschen lernen.
- Graphem-Phonem-Bezug nachhaltig erproben.
- Lautgebärden beim Zusammenlesen unterstützend verwenden.

Material

- KV 51/52, S. 81/82
- weißes Tonpapier
- Buntstift, Schere
- Lautgebärdenbilder (s. Tipp S. 7)

Einsatz/Handhabung

- Einzel-, Partner- und Gruppenarbeit
- KV 51, S. 81 kopieren und laminieren. Lesehochhaus und Buchstabenleiste ausschneiden.
- Buchstabenleiste links entlang des Hochhauses anlegen und nach oben und unten schieben. Dabei die verschiedenen Silbenwörter lesen.

Variationen

Silben in anderen Sprachen
- Die Silben im Lesehochhaus „übersetzen": Die Kinder überlegen, was einzelne Silben in anderen Sprachen bedeuten könnten. Dabei darf alles frei erfunden sein. Beispiel: „wau" ist auf Deutsch „der Hund", auf chinesisch „der Esel" usw.
- Dabei wird viel gelacht!

Wortanfänge lesen
- KV 52, S. 82 für jedes Kind kopieren. Mit dem Kind die Digramme lesen und zur Abbildung passende Wortanfänge mit Buntstift einkreisen.
- Bei einer Lautsyntheseschwäche Lautgebärden einsetzen.

Kontrolle

- L./Erz., Mitspieler

☛ Tipp

- Bei einer geplanten Gruppenarbeit empfiehlt sich die Vergrößerung der KV 51, S. 81 um 141 %.

Silbenpuzzle

Förderziele

- Bilder betrachten und den Sinn sprachlich wiedergeben.
- Silbensegmente lesen und wieder zu sinnvollen Wörtern zusammenfügen.
- Wort für Wort silbenrhythmisch lesen und z. B. gleichzeitig klatschen oder im Raum die Silben großmotorisch abschreiten.
- Zeitlich-räumliche Abfolgen erkennen und die Links-Rechts-Richtung beim Lesen und Legen der Silbenteile einhalten.

Material

- KV 53/54, S. 83/84
- Schere
- Tuch
- Block oder ein Blatt Papier, kleine Tafel
- Bleistift, Buntstifte, Kreide

Einsatz/Handhabung

- Einzel-, Partner- und Gruppenarbeit
- KV 53/54, S. 83/84 kopieren. Die Bilder können vor dem Laminieren ausgemalt werden.
- Die Bilder an den gestrichelten Linien ausschneiden und mischen. Die Karteiteile verdeckt auflegen. Die Kinder ziehen reihum jeweils ein Karteiteil und lesen es vor.
- Kann ein sinnvolles Wort von den Kindern zusammengelegt werden, wird es silbenrhythmisch vorgelesen. Sehr lernbereite Kinder notieren die Wörter.

Variation

Wörter raten
- Unter einem Tuch liegen die Silbenteile. Nach der Reihe zieht jedes Kind ein Teil, liest vor und rät das Wort. Wer kann sagen, welche Silben des Wortes noch unter dem Tuch liegen?

Kontrolle

- KV, Partner, Spiel

☛ Tipp

- Weitere motivierende Übungen im Band 1.

Lesen — Wörter

Leselotto und -memory/Klammerwörter

Förderziele

– Den individuellen Wortschatz erweitern; Wörter im Plural nennen und sinnvolle Sätze bilden.
– Wortsynthese ggf. unter Verwendung der Buchstabentürme (KV 4, S. 34) weiter trainieren.
– In Silben gegliedert sprechen und Wörter notieren.

Material

– KV 55–57, S. 85–87
– Schere
– Bleistift, Buntstifte
– ca. 30 kleine Klammern (s. Tipp S. 12 rechts)
– kleine Schiefertafel und Tafelstift oder Schreibblock

Einsatz/Handhabung

– Einzel-, Partner-, Gruppenarbeit
– Die Bild-Wortkarten von KV 55, S. 85 kopieren (ggf. auf 141 % vergrößern). Bilder ausmalen lassen. Bilder und Wörter auseinanderschneiden.
– Wörter lesen und den Sinn klären.
– Entweder neben oder auf das Bild das passende Wort legen oder neben oder auf das erlesene Wort das richtige Bild legen.
– Bei sehr schreibwilligen Kindern die Wörter z. B. auf einer kleinen Schiefertafel oder auf dem Block notieren lassen.

Variationen

Lesememory
– Die ausgeschnittenen Bild-Wortkarten von KV 55, S. 85 mischen, dann verdeckt und geordnet auf dem Tisch auflegen.
– Durch Aufdecken von jeweils zwei Karten Bild-Wortpaare bilden. Sieger ist, wer zuletzt die meisten Kartenpaare hat: Kartenpaare zählen lassen!

Klammerwörter
– KV 56/57, S. 86/87 kopieren, laminieren und mittig an der gestrichelten Linie entlang auseinanderschneiden. Die Wortpaare lesen. Das passende Wort erhält eine Klammer und wird notiert (s. Tipp).

Kontrolle

– L./Erz., Partner, Buchstabentürme

☛ Tipp

– Richtiges Wort auf der Rückseite mit farbigem Markierungspunkt anzeigen.

Mein Wörterquartett

Förderziele

– Wörtergruppen mit gleichen Anlauten wiederholend erlesen. Schwerpunkt: Vokale und Plosive am Wortanfang.
– Auf Sprechgenauigkeit beim Lesen achten.
– Selbstständiges, eigenverantwortliches Lernen innerhalb der Gruppe fördern.
– Kommunikationsfähigkeit schulen.

Material

– KV 58–66, S. 88–96
– Schere
– Block, Buntstifte, Bleistift

Einsatz/Handhabung

– Einzel-, Partner- und Gruppenarbeit
– KV 58–65, S. 88–95 kopieren, Bilder ausmalen lassen, laminieren und Quartettkarten ausschneiden. Wörter der Quartettgruppen (jeweils vier Karten) lesen. Dabei die Buchstabentürme (KV 4, S. 34) unterstützend und als Lösungshilfe mit verwenden.
– Spiel Quartette sammeln: Die Karten werden an die Mitspieler verteilt. Reihum werden die Partner gefragt, ob sie die gesuchte Karte zum jeweiligen Quartett haben. Ist dies der Fall, wird die Karte hergegeben. Verneint ein Kind, fragt der nächste Mitspieler. Sieger ist, wer am Ende die meisten vollständigen Quartette hat. Wenn ein Spieler alle Karten an andere Mitspieler bereits vergeben hat, hilft er anderen, z. B. beim leisen Erlesen von Wörtern oder das Kind bearbeitet KV 66, S. 96 (Wörter im Wort finden).

Variation

– In Einzelarbeit werden die Karten gelesen, die Wörter notiert und die Karten nach Anlautgruppen sortiert.

Kontrolle

– Spielführer, Partner, Quartettkarten

☛ Tipp

– Für Kinder, die ihre Karten nicht lange in der Hand halten können und die Übersicht verlieren, einen kleinen Sichtschutz aufstellen und die Karten auf dem Tisch auflegen lassen: Man nehme dazu ein der Länge nach gefaltetes Kartonpapier der Größe DIN A4.

Lesen — Sätze

Leseröllchen: Familie Kunterbunt

Förderziele

- Die Lesefertigkeit weiter erproben und üben.
- Auf Sprechgenauigkeit beim Lesen achten.
- Den Inhalt des Gelesenen sprachlich wiedergeben, jemandem erzählen.
- Begriffe „Wort" und „Satz" klären und unterscheiden.
- Den erlesenen Satz einem Partner auswendig mitteilen, ihn vom Partner wiederholen lassen.
- Modulationsfähigkeit der Stimme einsetzen: leise, laut, silbengliedernd, rhythmisch, deutlich artikuliert sprechen.
- Abschreiben trainieren.

Material

- KV 67–70, S. 97–100
- Bleistift, Block
- Dose oder ca. 20 leere Überraschungseier/Filmdosen

Einsatz/Handhabung

- Einzel-, Partner- und Gruppenarbeit
- KV 67, S. 97 kopieren und an der gestrichelten Linie in Satzstreifen schneiden. Die Satzstreifen nacheinander über dem Zeigefinger fest aufrollen. Die gerollten Satzstreifen in eine Dose geben, einen nach dem anderen herausnehmen und z. B. dem Partner vorlesen. Der Partner spricht den vorgelesenen Satz nach und nimmt das nächste Röllchen.
- Die Sätze können notiert werden.

Variationen

Sätze erfinden
- Analog werden von Kindern vorgeschlagene Sätze von der L./Erz. notiert. Satzstreifen wieder über dem Finger aufrollen und Leseröllchen (vor-)lesen.

Welcher Satz gehört zu welchem Bild?
- Ausweitung: Bearbeitung von KV 68/69, S. 98/99 wie beschrieben. Sehr lernbereite Kinder notieren ihre Lieblingssätze (Buchstabentürme als Hilfe verwenden).

Ganz genau lesen
- KV 70, S. 100 bietet eine weitere Übung zur Sinnentnahme.

☛ Tipp

- In Überraschungseiern/Filmdosen erhalten die Leseröllchen ihre gerollte Form.

Lustige Sätze

Förderziele

- Spezifischen individuellen Wortschatz ausbauen und weiterentwickeln; Sinn deuten.
- Konkrete Erfahrungen mit Sprache durch eigene Handlungen erwerben und korrigieren.
- Subjekt-Prädikat-Sätze und Subjekt-Prädikat-Objekt-Sätze legen und (vor-)lesen.
- Sprachwachstum dabei individuell erweitern.
- Sicherheit in der Lesefähigkeit erhalten.
- Links-Rechts-Orientierung beim Legen und Lesen der Kärtchen beachten und einhalten (s. Tipp).

Material

- KV 71, S. 101
- 3 Buntstifte, Schere

Einsatz/Handhabung

- Einzel-, Partner- und Gruppenarbeit
- KV 71, S. 101 kopieren, ggf. auf 141 % vergrößern. Sätze lesen und/oder vorlesen lassen.
- Die Satzteile (Subjekt, Prädikat, Objekt) mit drei verschiedenen Farben ausmalen.
- Kärtchen ausschneiden, mischen und zu sinnvollen oder lustigen Sätzen wieder zusammenlegen und dem Partner oder der Gruppe vorlesen.

Variation

Wer kann einen Satz legen?
- Die Kartenteile verdeckt auf dem Tisch auslegen. Reihum werden Karten gezogen, bis ein vollständiger Satz gelegt werden kann:
  a) Subjekt-Prädikat-Sätze
  b) Subjekt-Prädikat-Objekt-Sätze
- Die Sätze werden gelesen oder vorgelesen.
- Schwierigkeitssteigerung: Durchführung mit farblich nicht markierten Satzteilen!

☛ Tipp

- Ein deutlicher Bezug zwischen geschriebener und gesprochener Sprache wird durch Mitführen des Zeigefingers beim Lesen hergestellt.
- Weitere Übungen zum Lesen vgl. Band 1.

III.
Rechnen

Rechnen | Raumvorstellung

Kaspar Larifaris bunter Formenanzug

Förderziele

- Flächenformen wiederholen und benennen.
- Formen ertasten und sowohl grob- als auch feinmotorisch nachahmen. Im Raum Formen finden.
- Figur-Grund-Wahrnehmung trainieren.
- Formenkonturen taktil-kinästhetisch spüren.
- Schätzen von Anzahlen. Genaue Anzahl durch Abzählen erfahren und Zählschema überprüfen.

Material

- KV 72–74, S. 102–104
- verschiedene Flächenformen (s. Tipp)
- Tuch oder Maske
- Schablone (s. Tipp)
- Spielfiguren nach Anzahl der Mitspieler, Würfel

Einsatz/Handhabung

- Einzel-, Partner- und Gruppenarbeit
- Mit den Flächenformen in freier Form Figuren legen. Flächenformen benennen, unter einem Tuch abtasten. Form aufgrund der charakteristischen Merkmale identifizieren und bestimmen.
- Mit der Schablone auf Blatt Papier Flächenformen zeichnen. Den Umgang mit der Schablone üben.
- KV 72, S. 102 kopieren, ggf. auf 141 % vergrößern. Dem Kaspar einen bunten Anzug aus Flächenformen unter Verwendung der Schablone (auch in Partnerarbeit) zeichnen.

Variationen

Würfelspiel mit Formen
- KV 73, S. 103 kopieren und wie beschrieben spielen.

Schätzen und zählen
- KV 74, S. 104 kopieren, evtl. in die 4 Formenfelder teilen. Feld für Feld kurz zeigen und Anzahlen schätzen lassen. Genaue Anzahl bestimmen.

Kontrolle

- L./Erz., Partner, KV

☛ Tipp

- Flächenformen sind im Lehrmittelhandel erhältlich oder können selbst hergestellt werden (Tonpapier).
- Formenschablonen gibt es im Schreibwarenhandel.

Formenuhr/Formenspiel/Formenland

Förderziele

- Weitere geometrische Formen und Formengruppen kennenlernen, beschreiben, legen, nachlegen und ergänzen. Präzises Ausmalen üben.
- Formen gliedern und wieder zusammensetzen.
- Visuelle Fähigkeiten verbessern und stärken: Raumwahrnehmung und Raumvorstellung sichern.
- Mit Schablone eigene Figuren produzieren und ausmalen, dabei Halte- und Bewegungshand koordiniert einsetzen.

Material

- KV 75–79, S. 105–109
- Verschiedene Flächenformen (s. Tipp links)
- Schere, Pinnnagel
- Korkplatte (Pinnwand) oder Stück Styropor der Größe ca. 22 x 22 cm
- Buntstifte

Einsatz/Handhabung

- Einzel-, Partner- und Gruppenarbeit
- Formenuhr: KV 75, S. 105 kopieren und wie beschrieben bearbeiten. Die Formenuhr kann laminiert werden. Das Kind legt die Formenmuster jedes Segments unabhängig von der Farbe nach. Die Farbe der Plättchen kann aber auf einer weiteren Kopie von der L./Erz. vorgegeben werden. Das Kind malt die Formen aus.
- Formenspiel: KV 76–78, S. 106–108 kopieren. Formen ausschneiden und auseinanderschneiden. Formenteile mischen und wieder zusammenfügen lassen.
- Formenland: KV 79, S. 109 für jedes Kind kopieren. Mit den Flächenformen Gebäude legen und Muster ausmalen. Begriffe Raute, Fünfeck, Sechseck, Achteck und Oval ansprechen und merken. (Vgl. Würfelspiel mit Formen links.)

Variationen

Luft- und Rückenschreiben
- Umrisse der Flächenformen großmotorisch im Raum mit den Händen darstellen. Form nennen und nachahmen. Die Formen können auch auf den Rücken eines Partners „geschrieben" werden.

Formenmemory
- Aus KV 76–78, S. 106–108 herstellen. Ggf. KV jeweils zweimal kopieren und gegeneinanderkleben.

Rechnen | Raumvorstellung

Tüchtige Baumeister

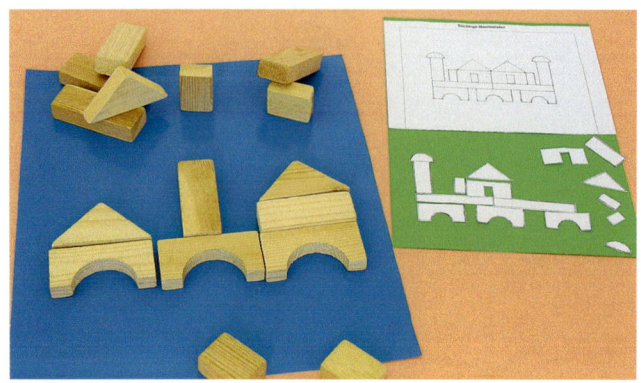

Förderziele

- Im dreidimensionalen Bereich bauen, dabei die Dimensionen für Höhe, Länge und Breite festigen.
- Das räumliche Vorstellungsvermögen trainieren.
- Den Wechsel zwischen der zweidimensionalen und der dreidimensionalen Darstellung üben.
- Eine ebene Darstellung räumlich nachbauen, die Bauteile vergleichen.
- Visuelles System schulen. Präpositionen sichern.

Material

- KV 80/81, S. 110/111
- Bausteine (Spielzeug)
- Schere, Buntstifte

Einsatz/Handhabung

- Zunächst bauen die Kinder mit den Bausteinen frei.
- KV 80/81, S. 110/111 kopieren, die untere Hälfte an der gestrichelten Linie nach hinten knicken.
- Das Gebäude betrachten, bekannte Formelemente nennen und zeigen.
- Mit den Bausteinen das Gebäude nachbauen. Die Begriffe Höhe, Breite und Länge benutzen und zeigen.
- Untere Hälfte nach vorne klappen und nach Anweisung bearbeiten: Die Einzelbausteine genau mit dem Bauwerk vergleichen. Identische Bausteine des oberen Gebäudes und Einzelbausteine (untere Hälfte) mit gleicher Farbe ausmalen.

Variationen

Legespiel

- Das erste Kind legt einen beliebigen Baustein. Der Partner legt einen weiteren Baustein (rechts, links) daneben, darunter, darüber … Es wird genau beschrieben, wo sich der Baustein befindet. (Die Farbe kann mit benannt werden.)

Bauteile vergleichen

- KV 80/81, S. 110/111 laminieren. Die Bauteile der unteren Hälfte ausschneiden und durch Nachlegen des Bauwerks die Einzelbauteile miteinander vergleichen.

Kontrolle

- Durch Kopiervorlage; Abzählen und Vergleichen der Bauteile.

Figuren und Muster übertragen

Förderziele

- Raum-Lage-Beziehungen und räumliche Beziehungen erkennen; Muster fortsetzen.
- Formmerkmale erkennen und als Musterfolge fortführen. Eigene Muster erfinden und zeichnen.
- Mit dem Lineal umgehen, dabei die Haltehand und Bewegungshand koordinieren. Objekte übertragen.
- Auge-Hand-Koordination trainieren. Zählen üben.

Material

- KV 82–86, S. 112–116
- Bleistift, Lineal
- Buntstifte

Einsatz/Handhabung

- KV 82–84, S. 112–114 kopieren. Das jeweilige Objekt (Haus, Auto, Schiff) benennen. Konturen mit dem Finger und einem umgedrehten Bleistift mehrmals nachfahren. Nun das Bild auf das untere Punkteraster übertragen.
- Mit dem Lineal arbeiten lernen und es zum Linienziehen benutzen (s. Tipp).

Variationen

Muster übertragen

- Die Muster in den Neunerfeldern der KV 85, S. 115 beschreiben, z. B.: „Obere Reihe Mitte ist ausgemalt, mittlere Reihe ist frei, dritte (untere) Reihe ist links und rechts ausgemalt …" (Vgl. „Bunte Felder", KV 11, S. 41.)
- Vorgegebenes Muster mit Buntstift in die untere Reihe übertragen usw.

Köpfchen, Köpfchen

- Eine Musterreihe von KV 86, S. 116 genau ansehen. An der gestrichelten Linie nach hinten falten und das Muster aus dem Gedächtnis in das danebenliegende, leere Feld übertragen. Aufklappen und die Muster wieder vergleichen!

☛ **Tipp**

- Den Umgang mit dem Lineal zunächst auf einem Blatt Papier üben: Mehrere dicke Punkte auf das Blatt malen und diese mit dem Lineal verbinden.

Kontrolle

- Durch Kopiervorlage.

Rechnen — Mengen und Zahlen

Dinge zählen und verpacken

Förderziele

- Anzahlen durch Abzählen feststellen.
- Zahlwortreihe sichern und ausweiten; gleichzeitig Sprechen und Zählen üben.
- Durch Hinzu- und Wegnahme von Mengen Anzahlen beständig bestimmen. Mehr-weniger-Situationen visualisieren, miteinander vergleichen.
- Bündelungen mit konkreten Materialien vornehmen. Mengenkonstanz erfahren (s. Tipp).
- Durch Ertasten von Gegenständen innere Vorstellungsbilder aufbauen.
- Beobachtungsvermögen, Konzentration und Gedächtnis schulen.

Material

- KV 87/88, S. 117/118
- Materialien zum Zählen und Bündeln (s. Tipp)
- Wollfäden
- Maske oder Halstuch
- Bleistift, Farbstifte

Einsatz/Handhabung

- Partner- und Gruppenarbeit
- Materialien auf dem Tisch auslegen. Die Kinder zählen die Mengen, auch mit einem Partner im Wechsel.
- Die L./Erz. gibt vor, wie viele Dinge eingepackt werden. Um diese Teilmengen Wollfäden legen. Die Kinder zählen die Anzahl der Päckchen. Wolle entfernen, wiederum Menge bestimmen!
- Nun eine andere Menge an Dingen einpacken. Wer kann die Anzahlen aufschreiben?
- Zur Sicherung KV 87, S. 117 bearbeiten. Obstsorten ausmalen, abzählen und Mengen bündeln (Vorgabe: L./Erz.).

Variationen

Tastspiel
- Überschaubare Mengen mit verbundenen Augen durch Tasten bestimmen und Anzahlen notieren.

Zahlen schreiben üben
- KV 88, S. 118 einsetzen.

☞ Tipp

- Beliebige Materialien verwenden: Büroklammern, Nüsse, Steinchen, Nudeln, Strohhalme …

Menge-Zahl-Puzzle/Legespiel mit Mengen und Zahlen

Förderziele

- Menge-Zahl-Bezug im Zahlenraum von 0–9 und bis 21 wiederholen und sichern (s. Tipp).
- Gefestigtes Zählschema anstreben; Mengenerfassung und Zahlenlesen üben.
- Einsicht in das dekadische System durch Zahlnotationen ab 10 gewinnen (s. Tipp).
- Durch Vergleichen der Mengenkarten Mehr-weniger-Bezüge herstellen.

Material

- KV 89–92, S. 119–122
- Buntstifte
- Schere, Klebestift

Einsatz/Handhabung

- Einzel-, Partner- und Gruppenarbeit
- Menge-Zahl-Puzzle: Kärtchen der KV 89, S. 119 am äußeren Rahmen und an der gestrichelten Linie ausschneiden. Karteteile mischen und wieder richtig zusammenfügen. Punktmengen zählen, mit Zahl vergleichen. Fragen nach „mehr" und „weniger" beantworten und begründen. Anschließend Kärtchen auf einem Blatt Papier wieder aufkleben.
- Legespiel mit Mengen und Zahlen: Kärtchen von KV 90–92, S. 120–122 sorgfältig ausschneiden. Mengen- und Zahlenkärtchen zusammensetzen. Zahlen lesen und Bilder bunt ausmalen.

Variation

- Beim Legespiel mit Mengen und Zahlen Zehnerbündelung durch Einkreisen vornehmen. So können die Mengen besser erfasst und die Anzahlen genannt werden.

☞ Tipp

- Weitere Übungen hierzu und zu den folgenden Seiten im Band 1 und in „Rechenschwäche überwinden Band 1" (s. Tipp S. 8)

Rechnen — Mengen und Zahlen

Zerlegehäuser

Förderziele

- Durch Handeln vielfältige Vorstellungen im Zahlenraum bis 10 entwickeln.
- Mengen durch Auszählen ermitteln; kleinere Mengen simultan erfassen und benennen können.
- Mengenkonstanz erfahren.
- Teilmengen bilden und simultan erfassen können.
- Mengen miteinander vergleichen; Begriffe „mehr", „weniger", „gleich viele" sprachlich und handelnd sichern; Zahlennachbarn kennen.
- Anzahlen rhythmisch darstellen, z.B. klopfen, Schritte gehen, auf den Rücken tippen … oder mit Instrumenten.
- Intensive Spracharbeit leisten.

Material

- KV 93/94, S. 123/124
- ein Instrument (Handtrommel, Xylofon)
- 10 Plättchen, Bohnen, Chips …
- DIN A4-Papier

Einsatz/Handhabung

- Partner- und Gruppenarbeit
- Das Blatt Papier der Länge nach falten, oberes Drittel schräg nach oben abschneiden (= Dach). Blatt öffnen und in den Dachgiebel (= Hausnummer) die Zerlegezahl schreiben oder ein Ziffernkärtchen hineinlegen.
- Das „Haus" nun mit entsprechender Anzahl an Plättchen, Chips … belegen und mögliche Zerlegungen darstellen. („5 ist so viel wie 3 und 2, 4 und 1 …") Der Faltknick symbolisiert dabei die linke und rechte Seite. (Vorarbeit für die spätere Notation eines Terms oder einer Gleichung.)

Variation

- KV 93/94, S. 123/124 kopieren. Zahlzerlegungen mit Plättchen oder Ähnlichem durchführen. Sprachlich korrekt formulieren. Zahlmengen mit Instrument, mit Schritten oder durch Rückentippen anzeigen.

Kontrolle

- L./Erz., Partner, Zerlegehaus

Kleine und große Zahlenhäuser

Förderziele

- Grundeinsichten und -vorstellungen in die Zahlzerlegung erlangen und festigen.
- Menge-Zahl-Bezug weiter entwickeln und dabei den Zahlenraum erweitern.
- Vielseitige Zerlegungen von natürlichen Zahlen bis 20 praktizieren.
- Vorarbeit für die Addition leisten: Summen über strukturierte Mengenbilder ermitteln.
- Gesichertes Zählschema erschließen.
- Mengen durch Fingerbilder einem Partner zeigen.
- Kontinuierlich Spracharbeit leisten.

Material

- KV 95/96, S. 125/126
- Bleistift, Buntstifte
- 20 Plättchen, Bohnen, Chips …
- DIN A4-Papier

Einsatz/Handhabung

- Einzel-, Partner- und Gruppenarbeit
- Zahlen und Mengen bis 20 wiederholen: Zählen/Mengen vergleichen (mehr und weniger – gleich viele – bis zu einer bestimmten Menge fehlende – zu viele – wie viele sind zu viel?). Zahlennachbarn nennen.
- Auf genaue Sprache bei den Formulierungen achten; Sprechen und Handeln als Grundprinzip!

Variationen

Kleine Zahlenhäuser
- Zahlzerlegungen bis 10 durch KV 95, S. 125 sichern und wiederholen. Teilmengen eintragen.

Große Zahlenhäuser
- KV 96, S. 126 wie beschrieben bearbeiten. Zur Sicherung oder bei Vorstellungsproblemen ein DIN A4-Blatt zweimal falten. Entsprechend der durch die Faltknicke entstandenen 4 Felder Zerlegungsmengen auflegen und Ergebnis ermitteln.

Kontrolle

- L./Erz., Partner, KV

Rechnen — Zahlaspekte

Wie alt sind die Glückskäfer?

Förderziele

- Kardinal- und Ordinalzahlaspekt bildhaft und sprachlich miteinander verbinden und sichern.
- Den Sinn für unterschiedliche Zahlaspekte entwickeln, handelnd und durch Sprachgebrauch erschließen.
- Simultane Mengen erfassen.
- Aus Teilmengen Gesamtmengen bilden.
- Die Begriffe „Verdoppeln" und „Halbieren" durch Handlungsvollzüge und Sprachausdruck erklären.

Material

- KV 97, S. 127
- Schere
- Bleistift
- schwarzer und roter Stift

Einsatz/Handhabung

- Einzel-, Partner-, Gruppenarbeit
- Die Schablone der KV 97, S. 127 mehrmals kopieren. Käferkörper mit Farbstiften ausmalen und beliebige Anzahl an Punkten auf beide Körperhälften zeichnen. Kardinaler Zahlaspekt: Alle Käfer auf dem Tisch auslegen und das Alter der Käfer bestimmen.
- Ordinaler Zahlaspekt: Käfer in einer Reihe auflegen und verbalisieren. Beispiel: „Der 1. Käfer ist 7 Jahre alt, der 2. Käfer ist …"

Variationen

Wie alt sind die Glückskäfer?
- Bearbeitung der KV 97, S. 127 wie beschrieben.

Doppelt und halb
- Auf beide Körperhälften der Käfer gleiche Punktmengen mit Filzstift aufzeichnen. Erkennen, dass links und rechts gleich viele Punkte sind. „Alter" der Käfer nennen. Durch Knicken des Käfers in der Körpermitte oder Abdecken einer Körperhälfte werden dem Kind die Begriffe „doppelt" und „halb" klar.

Kontrolle

- L./Erz., Partner, KV

Meine bunte Perlenkette

Förderziele

- Den Sinn für Zahlen und deren Gebrauchsformen im Sprachgebrauch erkennen und unterscheiden.
- Zählreihe aufsagen; auch rückwärts zählen üben.
- Unter einem Tuch verdeckt operieren, dadurch innere Vorstellungsbilder aufbauen und verinnerlichen. Den Sinn des Zählens erkennen.
- Feinmotorik trainieren.

Material

- KV 98, S. 128
- Bleistift
- 20 Holzperlen
- ca. 30 cm lange Schnur
- Wäscheklammer
- Maske oder Tuch

Einsatz/Handhabung

- Partner- und Gruppenarbeit
- Die 20 Holzperlen auf eine Schnur fädeln und an beiden Enden verknoten. Am linken Ende (Zählbeginn) eine Klammer anbringen. Perle für Perle antippen und gleichzeitig vorwärts und rückwärts zählen üben (s. Tipp).

Variationen

Perlen zeigen
Unterscheidung Ordnungszahl/Mengenanzahl:
- Nach Ansage sollen z. B. elf Perlen gezeigt werden. Das Kind verbalisiert: „Bis hier sind es elf Perlen."
- Nun soll es die 11. Perle zeigen. Das Kind zeigt auf die 11. Perle und spricht: „Das ist die 11. Perle."
- In dieser Form vielfältige Beispiele verdeckt z. B. unter einem Tuch oder mit einer aufgesetzten Maske durchführen.

Meine bunte Perlenkette
- Bearbeitung der KV 98, S. 128 unter Verwendung der Perlenkette als Lösungshilfe.

Kontrolle

- L./Erz., Partner, Perlenkette, KV

☛ Tipp

- Bei feinmotorisch auffälligen Kindern größere Holzperlen verwenden.

Rechnen — Plus und Minus

Punkte- und Zahlenmauern

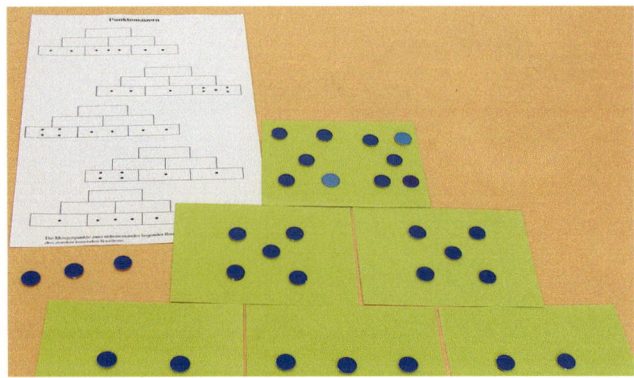

Förderziele

- Vertiefen und Wiederholen des Additionsbegriffs.
- Durch Handlungen Ergebnisse finden, diese in bildhafter und symbolischer Form (Punkte- und Zahlenmauern) notieren.
- Eigenständig „Mauern" mit Materialien belegen und schriftlich festlegen.
- Logisches Denken fördern.
- Sozialkompetenz steigern.

Material

- KV 99/100, S. 129/130
- ca. 3–4 Blatt Papier der Größe DIN A6
- Plättchen oder Holzscheiben, z. B. vom Mühlespiel
- Filzstift

Einsatz/Handhabung

- Einzel-, Partner-, Gruppenarbeit
- Die Blätter (= Bausteine) auf dem Boden auslegen. Baustein für Baustein übereinanderlegen. Die unterste Reihe mit Holzscheiben belegen. (Sie symbolisieren die Löcher im Baustein.)
- Die Addition der Holzscheiben oder Plättchen von zwei nebeneinanderliegenden Bausteinen ergibt die Summe, die über diesen Bausteinen notiert wird usw.
- Fortführung mit Zahlenangaben in den Bausteinen.

Variationen

Punkte- und Zahlenmauern
- KV 99/100, S. 129/130 bearbeiten wie beschrieben.

Immer höhere Mauern
- Die Anzahl der Bausteine in der untersten Reihe erhöhen und verfahren wie beschrieben.

Kontrolle

- L./Erz., Partner, Material, KV

Rechenscheibe

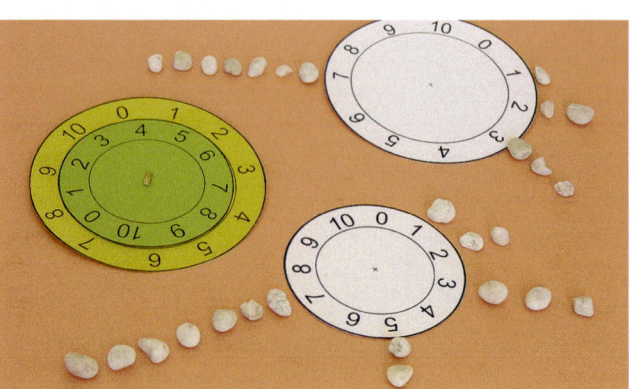

Förderziele

- Begriffe „mehr" und „weniger" wiederholen.
- „Plus" als „Dazutun" und „Minus" als „Wegnehmen" begreifen und thematisieren.
- Plus- und Minusaufgaben mit der Rechenscheibe darstellen, sich dazu konkrete Situationen ausdenken und sprachlich wiedergeben.
- Im Bedarfsfall auf gegenständliche Materialien zurückgreifen und Rechenaufgaben handelnd lösen.

Material

- KV 101/102, S. 131/132
- 2 Bögen verschiedenfarbiges Tonpapier
- Schere
- Musterbeutelklammer
- Plättchen, Chips u. Ä.

Einsatz/Handhabung

- Einzel-, Partner- und Gruppenarbeit
- KV 101/102, S. 131/132 auf jeweils verschiedenfarbiges Tonpapier kopieren, evtl. laminieren.
- Die beiden Scheiben ausschneiden, übereinanderlegen und in der Mitte mit einer Klammer fest fixieren.
- Die Zahlen auf beiden Scheiben aufsagen, Zahlenwerte mit Materialien legen. Dadurch den Menge-Zahl-Bezug herstellen.
- Größere, kleinere und gleiche Zahlen auf beiden Scheiben zeigen und einstellen.

Variationen

Zahlen und Mengen
- Um die (noch nicht zusammengeklammerten) Scheiben mit Chips, Plättchen usw. passende Mengen zu den Zahlen auflegen.

Plus und Minus
- Durch Drehen der Scheiben werden sowohl Plus- als auch Minusaufgaben gebildet, zu denen eine Rechengeschichte erzählt wird.

Kontrolle

- L./Erz., Material

Rechnen — Uhr und Uhrzeit

Meine große Lernuhr

Förderziele

- Uhr und Zeit(en) durch bewusstes Erleben von Zeitabschnitten und Zeitintervallen kennenlernen.
- Ein Verständnis für den Zeitbegriff erhalten.
- Verschiedene Uhren benennen, betrachten und genau beschreiben, Unterschiede feststellen. Verwendungsmöglichkeiten der Uhren aufzeigen.
- Funktion des Stunden- und Minutenzeigers wiederholen.
- Ziffern erkennen, aufsagen und notieren. Zeiger beschreiben und deren Funktionen lernen.
- Eine eigene Uhr basteln und das Einstellen und Ablesen von Uhrzeiten üben.

Material

- KV 103, S. 133
- Schere, Karton der Größe DIN A4, Klebstoff
- Bleistift, Buntstifte
- Musterbeutelklammer
- verschiedene Modelluhren: Kurzzeitwecker, Sanduhr, Digitaluhr …

Einsatz/Handhabung

- Einzel-, Partner- und Gruppenarbeit
- Den Begriff „Zeit" bewusst erleben (auch mit geschlossenen Augen), z. B. eine ganze oder eine halbe Minute, 5 Minuten usw. Anfang und Ende akustisch anzeigen.
- Verschiedene Uhren zeigen, betrachten und genau beschreiben.
- KV 103, S. 133 für jedes Kind kopieren. An der gestrichelten Linie trennen und den unteren Teil aufheben. Uhr und Zeiger (mit verschiedenen Farben ausgemalt) auf Karton kleben und ausschneiden. In die Mitte vorsichtig ein Loch bohren und Zeiger mit Klammer mittig fixieren.
- Uhrzeiten (volle Stunden) mit Zeigern einstellen.

Kontrolle

- L./Erz., Partner, Lernuhr

☞ Tipp

- Das Benennen der vollen Stunden sollte zunächst genügen; auf den Könnensstand der Kinder eingehen!

Leere Uhr: Wie spät ist es?

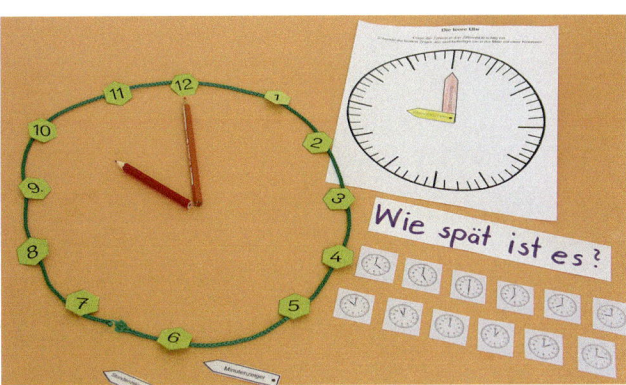

Förderziele

- Räumliche Vorstellung schulen. Begriff „im Uhrzeigersinn" erklären und anwenden.
- Anhand der Zahlenschnur den Ziffernaufbau einer Uhr verdeutlichen. Ein sicheres Gefühl für Abstände und Richtungen erhalten.
- Uhrzeiten auf der Lernuhr einstellen und nennen.
- Spracharbeit betreiben und auf Fragen angemessen antworten, z. B.: „Um wie viel Uhr musst du aufstehen? Wann soll ich heute zu dir kommen?"

Material

- KV 103/104, S. 133/134
- ca. 40 cm lange Schnur
- Bleistift
- selbst beschriftete Zahlenkärtchen von 1–12
- 2 verschieden lange Buntstifte

Einsatz/Handhabung

- Partner- und Gruppenarbeit
- Selbst gebasteltes Uhrenmodell (s. linke Spalte) betrachten und noch einmal genau beschreiben.
- Schnur in Kreisform auf dem Boden auslegen.
- Ziffernkärtchen auf die Schnur richtig auflegen. Begriff „im Uhrzeigersinn" (nach rechts) erklären und mit den Buntstiften Uhrzeiten zeigen.
- Die Uhren des unteren Abschnitts von KV 103, S. 133 ausschneiden, Uhrzeiten benennen und nach fortlaufender Uhrzeit ordnen.

Variationen

Uhrenfälschung

- Die Kinder sitzen im Kreis um eine Zahlenschnur. Während die Kinder wegschauen, ändert eines die Ziffernanordnung. Die Änderung(en) sollen von den anderen gefunden und korrigiert werden.
- Ebenso werden mit den Zeigern falsche Uhrzeiten gelegt, welche die Kinder berichtigen.

Leere Uhr

- Bearbeitung der KV 104, S. 134. Die Kinder ergänzen fehlende Teile aus der Vorstellung.

Kontrolle

- L./Erz., Partner, Lernuhr

IV.
Kopiervorlagen

Kopiervorlage 1: Meine Geheimzeichen (1)

A a

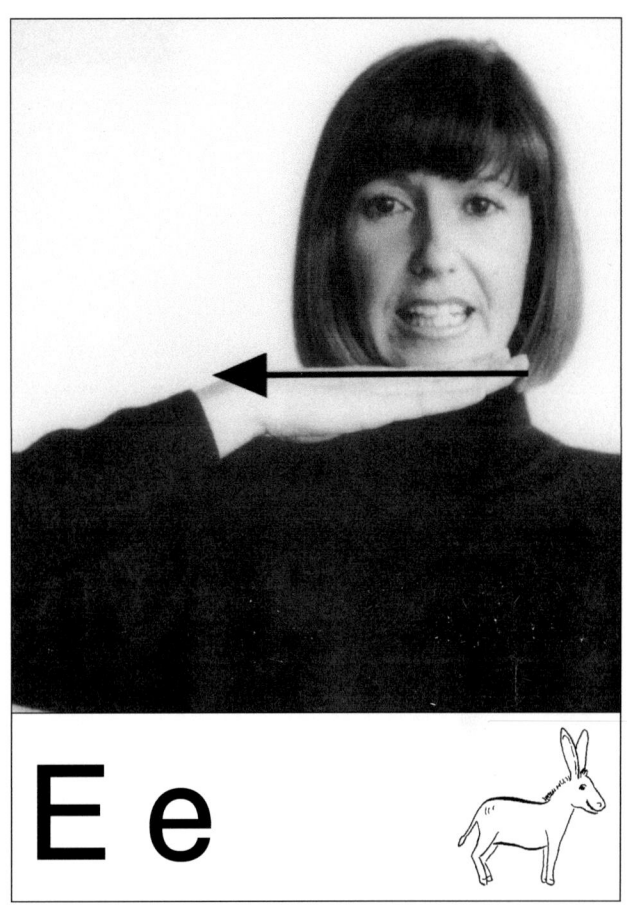

E e

I i

O o

Kopiervorlage 2: Meine Geheimzeichen (2)

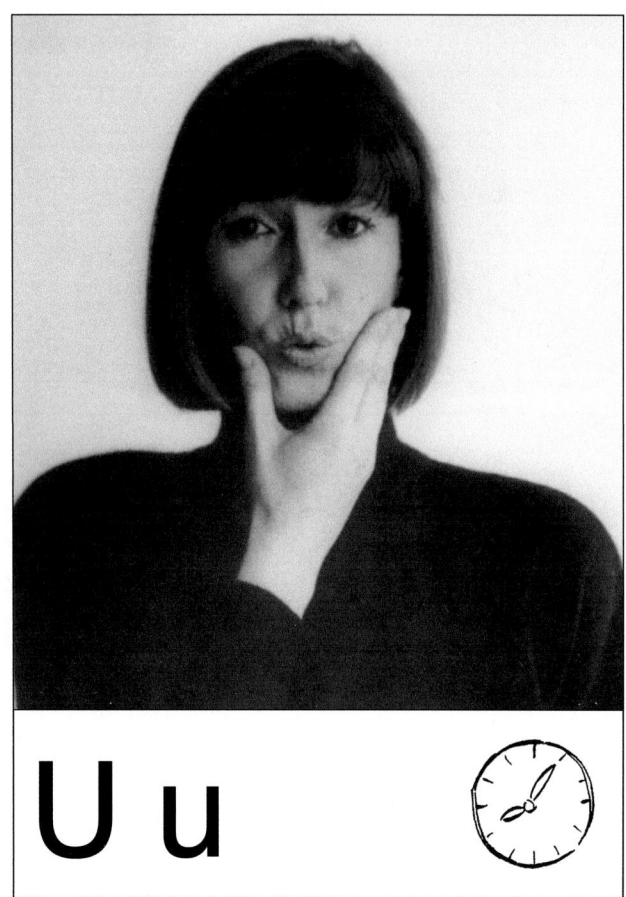

U u

Sch sch

B b

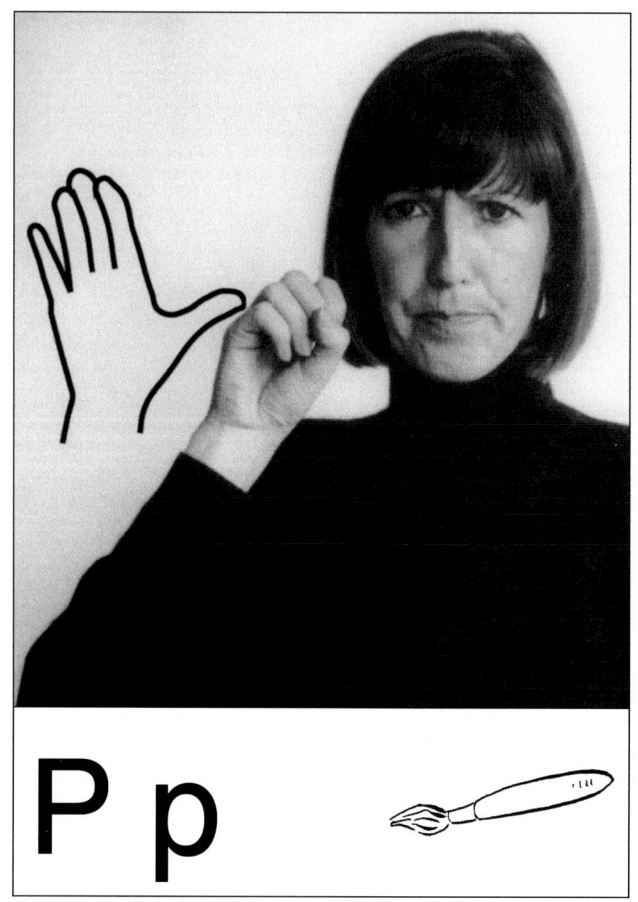

P p

Kopiervorlage 3: Meine Geheimzeichen (3)

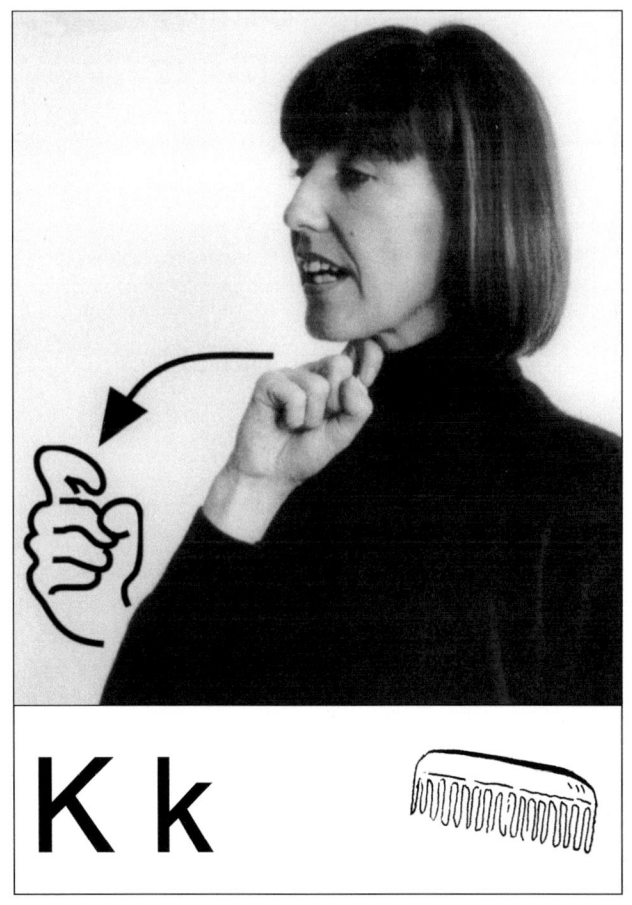

Kopiervorlage 4: Buchstabentürme

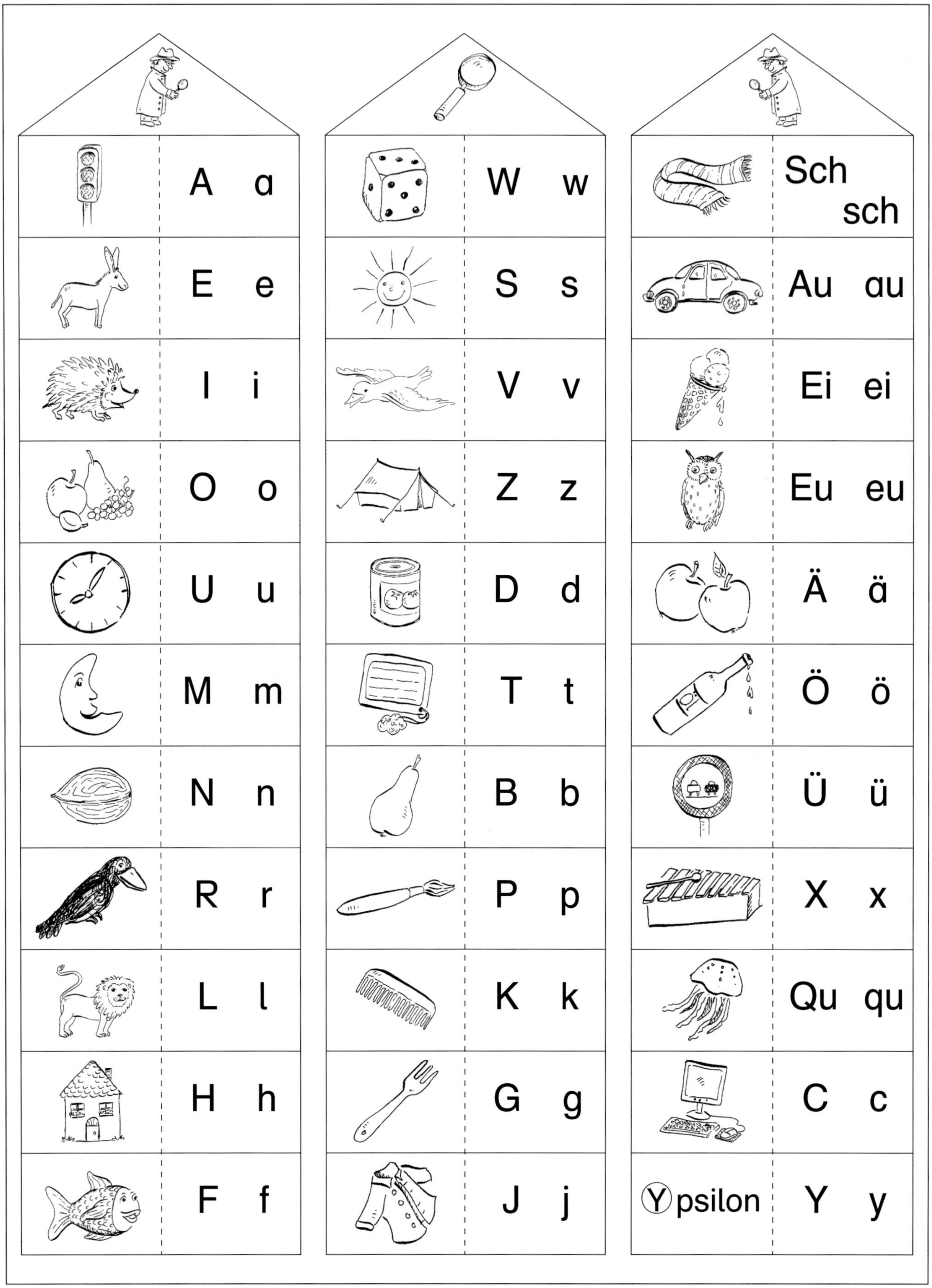

A a	W w	Sch sch
E e	S s	Au au
I i	V v	Ei ei
O o	Z z	Eu eu
U u	D d	Ä ä
M m	T t	Ö ö
N n	B b	Ü ü
R r	P p	X x
L l	K k	Qu qu
H h	G g	C c
F f	J j	Ypsilon Y y

Kopiervorlage 5: Zungenbrecher

Sprich deine Lieblingszungenbrecher langsam, schnell, laut und leise.
Kannst du sie auch flüstern?

1. Neun Nähnadeln nähen neun Nachthemden.
2. Schlaf schön im Schlafanzug, wenn der Mond schön scheint.
3. Bürsten mit schwarzen Borsten bürsten besser als Bürsten mit weißen Borsten.
4. Fischers Fritze fischt frische Fische.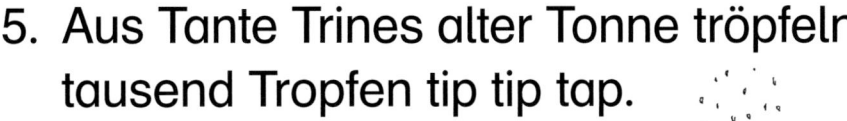
5. Aus Tante Trines alter Tonne tröpfeln tausend Tropfen tip tip tap.
6. Es klapperten die Klapperschlangen, bis ihre Klappern schlapper klangen.
7. Zwischen zwölf Schwalben, die schwatzen, sitzen zwei schmatzende Spatzen.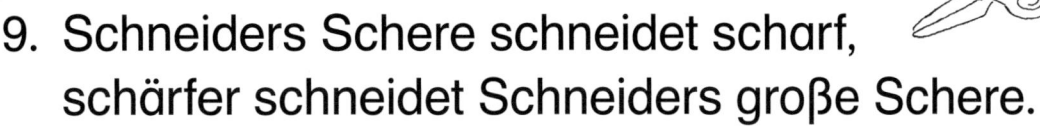
8. Klitzekleine Kinder können keinen Kirschkern knacken.
9. Schneiders Schere schneidet scharf, schärfer schneidet Schneiders große Schere.
10. Nachbars Hund heißt Kunterbunt. Kunterbunt heißt Nachbars Hund.
11. Kleine Nussknacker knacken knackig, knackiger knacken große Nussknacker.
12. Hinter Hermann Hannes' Haus hängen hundert Hemden raus.

Kopiervorlage 6: Kurze und lange Stifte

Male gleich lange Stifte mit derselben Farbe aus.
Wie viele Stifte sind jeweils gleich lang?

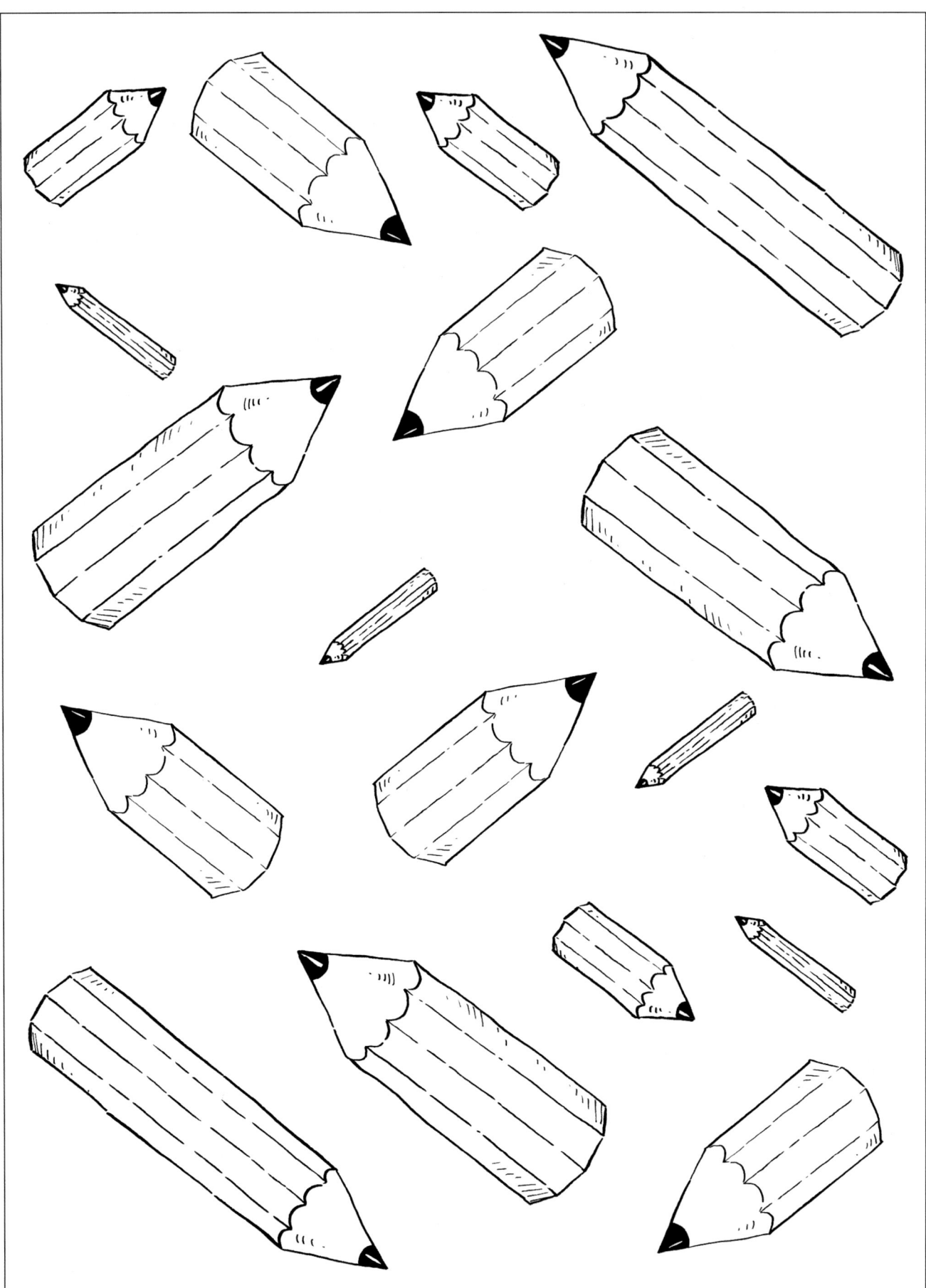

Kopiervorlage 7: Neun verschieden hohe Türme

Vergleiche die Höhe der Türme und nummeriere sie nach der Größe von 1 bis 9.
Die Zahl schreibst du in das Tor des jeweiligen Turmes.

Kopiervorlage 8: Mein Kegelspiel

Wie viele Kegel sind von jeder Größe da?
Notiere die Anzahlen.

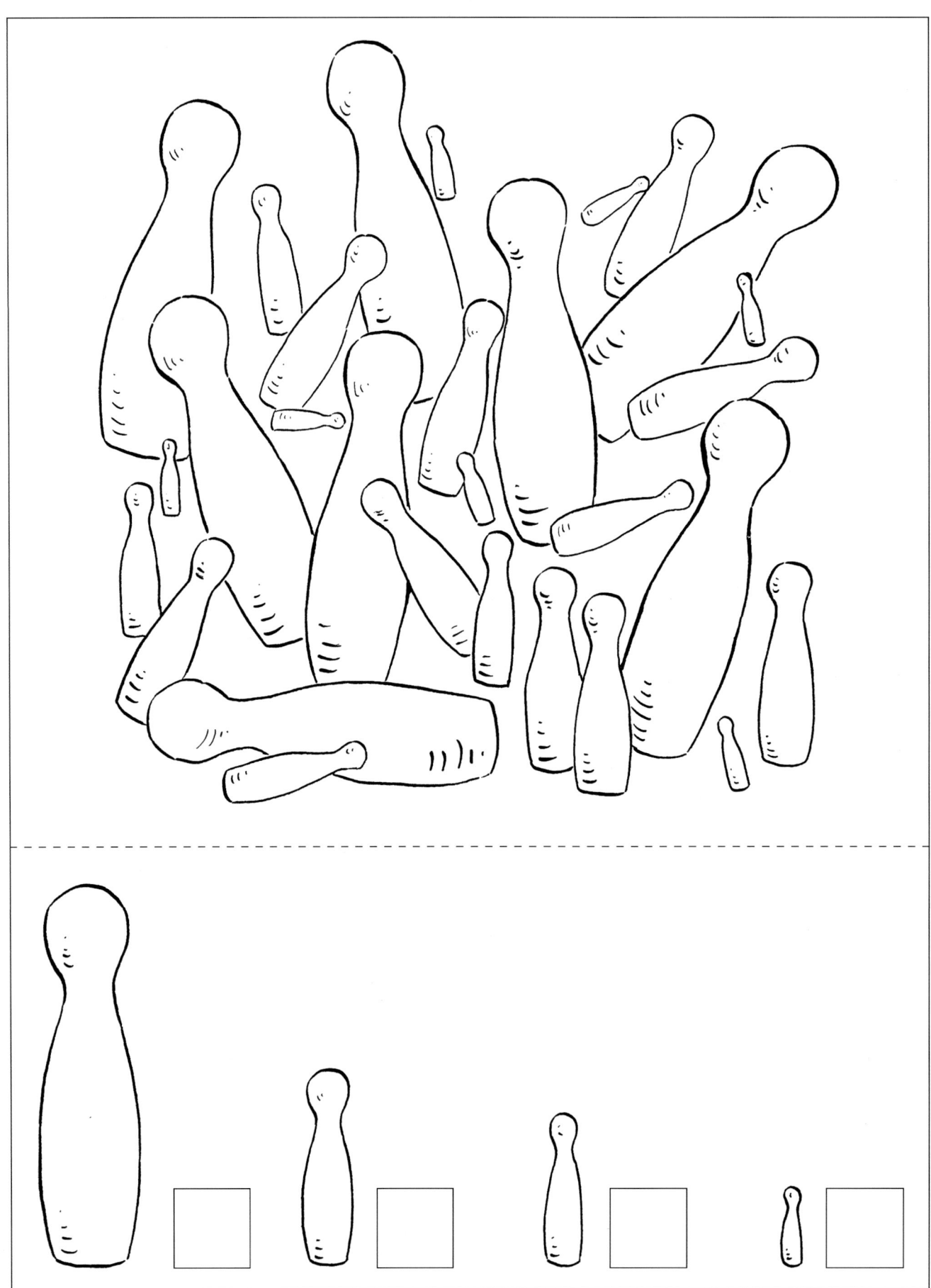

Kopiervorlage 9: Leichte und schwere Elefanten

Der schwerste Elefant bekommt die Nummer 7, der leichteste die Nummer 1.

Kopiervorlage 10: Krokodile lauern überall

Stelle die Spielfigur auf das Startfeld. Du führst mich durch den Fluss zum Ziel, z.B. zwei Felder nach rechts, vier Felder nach oben ... Wenn du mich auf ein Feld mit einem Krokodil führst, muss ich wieder zum Start zurück.

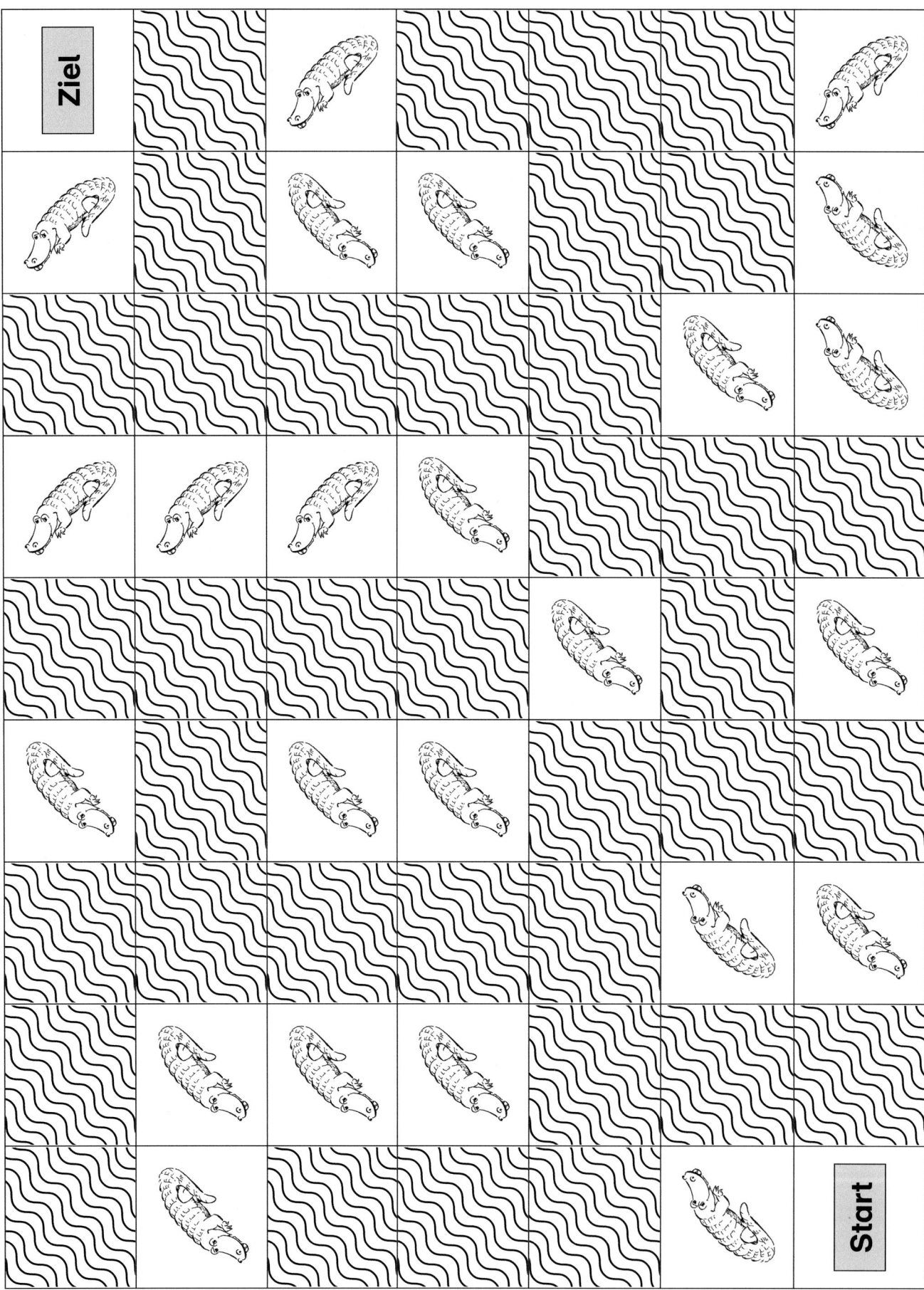

Kopiervorlage 11: Bunte Felder: Ausmalen

Ich sage dir, wie du die Felder ausmalen sollst:

- die Mitte gelb,
- links oben grün,
- rechts unten blau.
- Mitte oben rosa,
- links unten braun,
- Mitte links grau,
- rechts oben schwarz,
- Mitte unten rot,
- Mitte rechts lila.

Kopiervorlage 12: Bunte Felder: Gegenstände verstecken

Male wie angegeben.

Male das Herz in die Mitte.

Male die Sonne links oben.

Male das Haus rechts oben.

Male den Apfel links in die Mitte.

Male die Blume links unten.

Male den Baum rechts unten.

Kopiervorlage 13: Mein großes 100-Bilder-Quadrat

Wandere mit einer Spielfigur von einem Bild zum anderen und nenne den Gegenstand.
Wenn du etwas nicht weißt, legst du ein Plättchen auf das Feld.

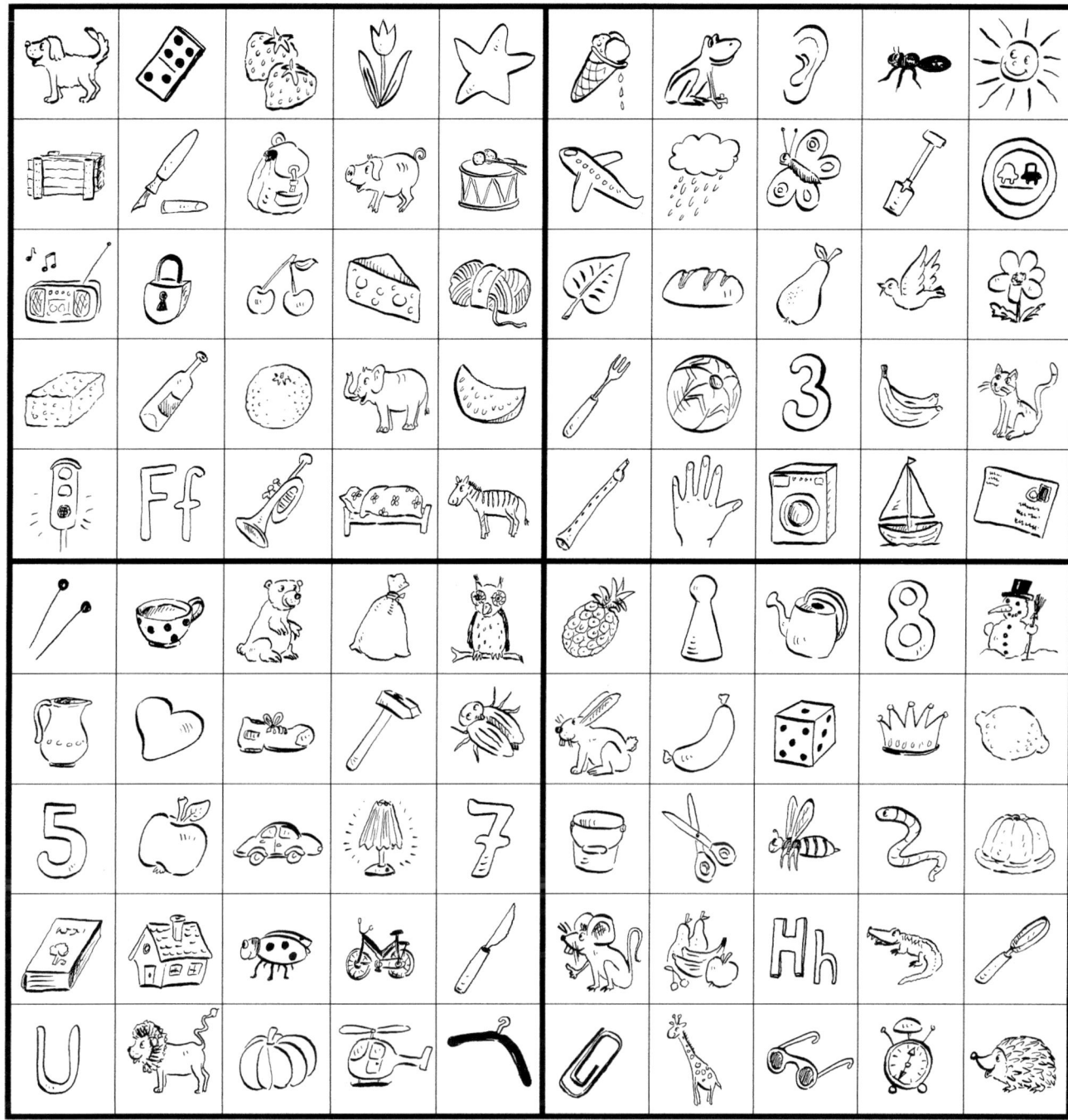

Kopiervorlage 14: Was ist denn das?

Erzähle, was du alles entdecken kannst.

Kopiervorlage 15: Was fehlt denn da?

Zeichne die Bilder fertig.

Kopiervorlage 16: 1, 2, 3, an der Angel hängt ein …

Aus zwei mach eins: Schneide die Bildkarten aus.
Lege immer zwei Karten zu einem sinnvollen Wort zusammen. Finde auch lustige Wörter.

Kopiervorlage 17: Bilderrätsel lösen

Sprich: „Ein Finger und ein Nagel sind ein Fingernagel ..."

Kopiervorlage 18: Die Reise mit dem Würfel

Würfle. Nach der Augenzahl des Würfels gehst du die Bilderreihe vor und zurück.
Bei jedem Stopp sagst du zum Bild einen Satz. Erzähle, was die Kinder tun.

48   Ganser/Schüller: Das kann ich schon im (Vor-)Schulalter Band 2
© Auer Verlag

Kopiervorlage 19: Schuhsohlenmemory (1)

Schneide die Schuhsohlen aus.
Spiele Memory: Finde die Paare.

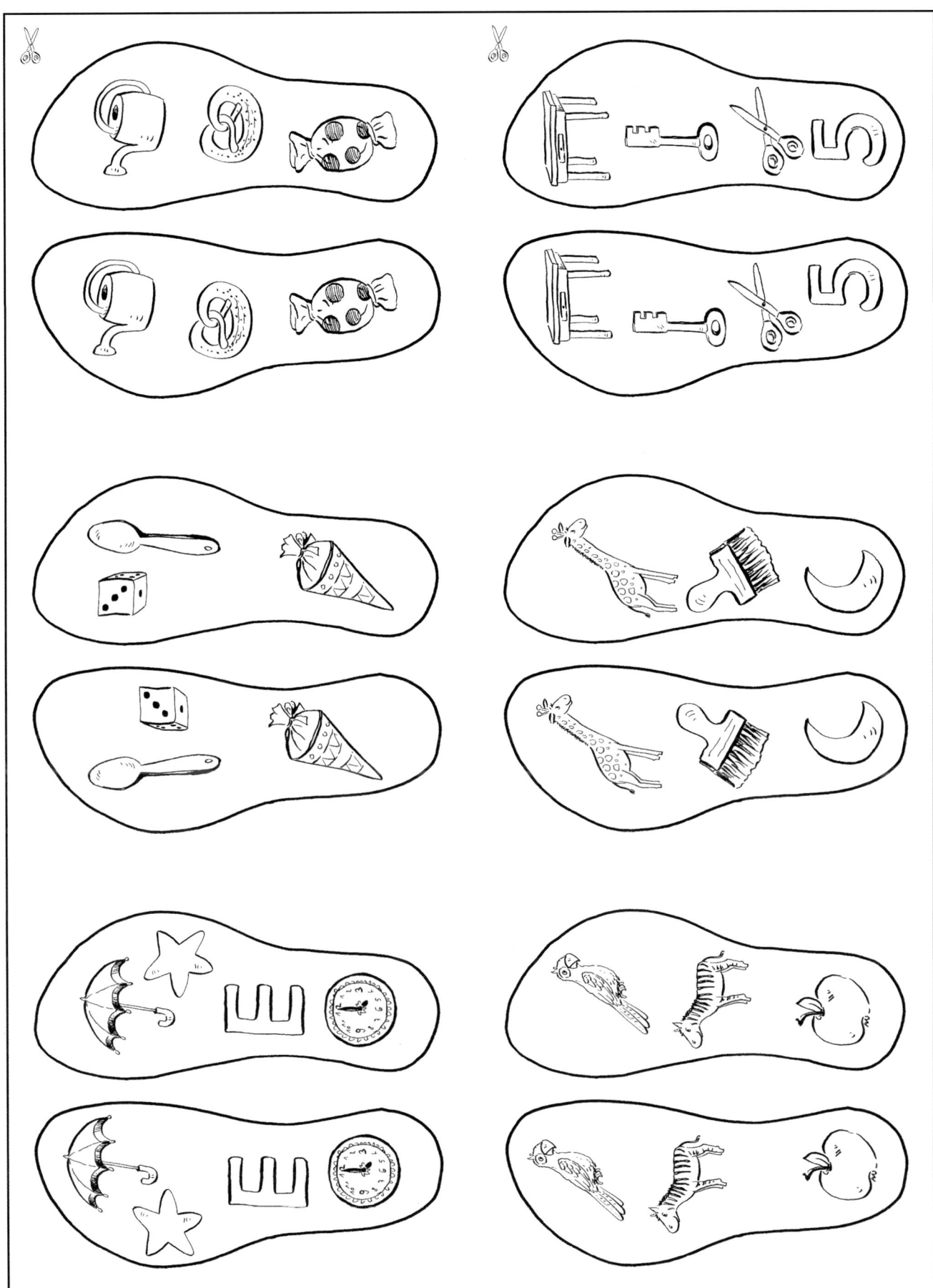

Kopiervorlage 20: Schuhsohlenmemory (2)

Schneide die Schuhsohlen aus.
Spiele Memory: Finde die Paare.

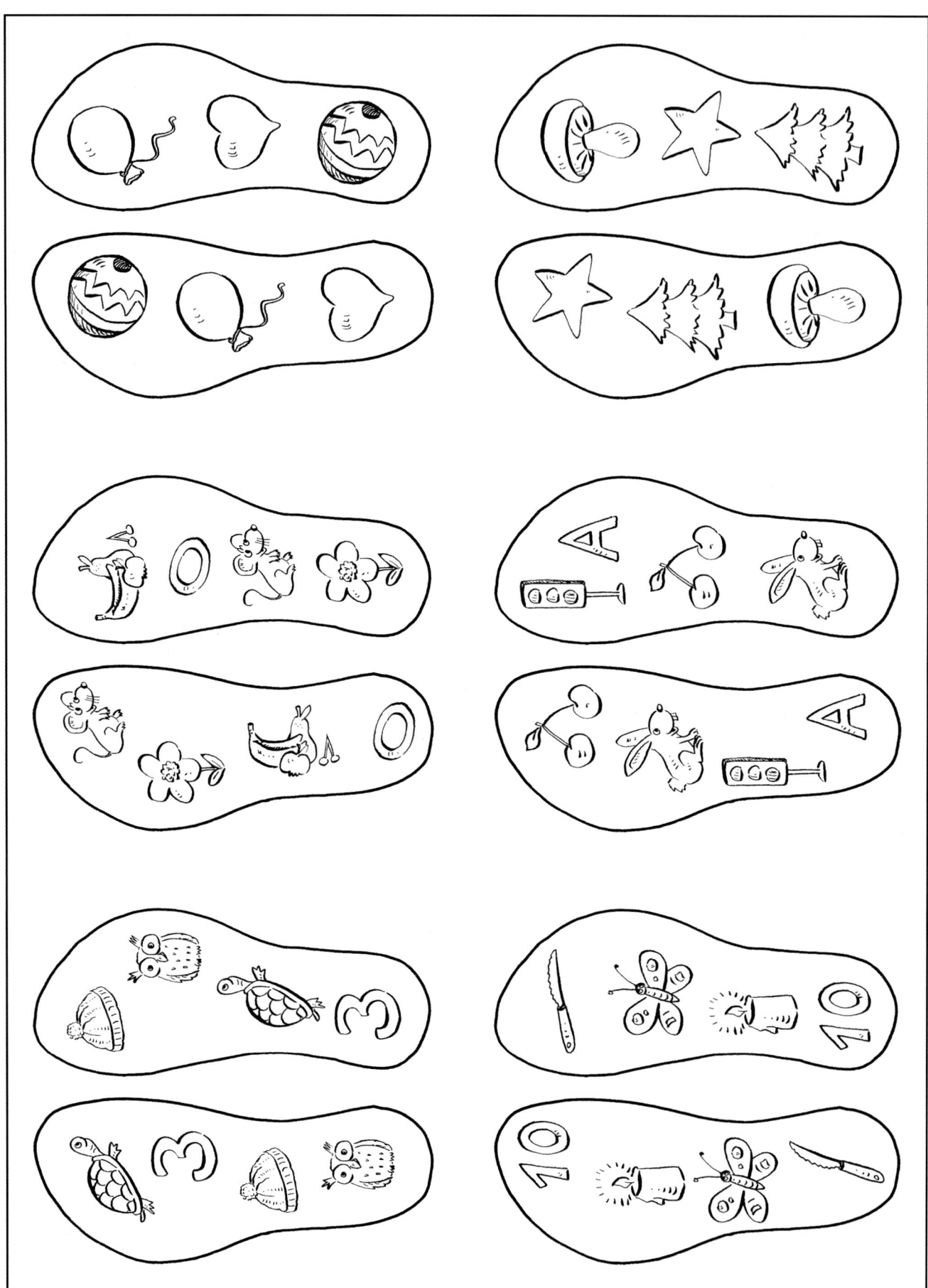

Kopiervorlage 21: Ein fröhlicher Flug – Wer darf alles mit?

Dein Partner sagt, wer mitfliegen darf.
Du suchst das Bild und malst es aus.

Kopiervorlage 22: Ein fröhlicher Flug – Wer darf alles mit? (blanko)

Wer darf nun mitfliegen?
Male Bilder in die leeren Felder.

Kopiervorlage 23: Mein Spielzeugregal

Erzähle genau, was sich im linken, im mittleren und im rechten Regal befindet.
Kennst du alle Dinge? Welche Spielsachen hast du, welche nicht?

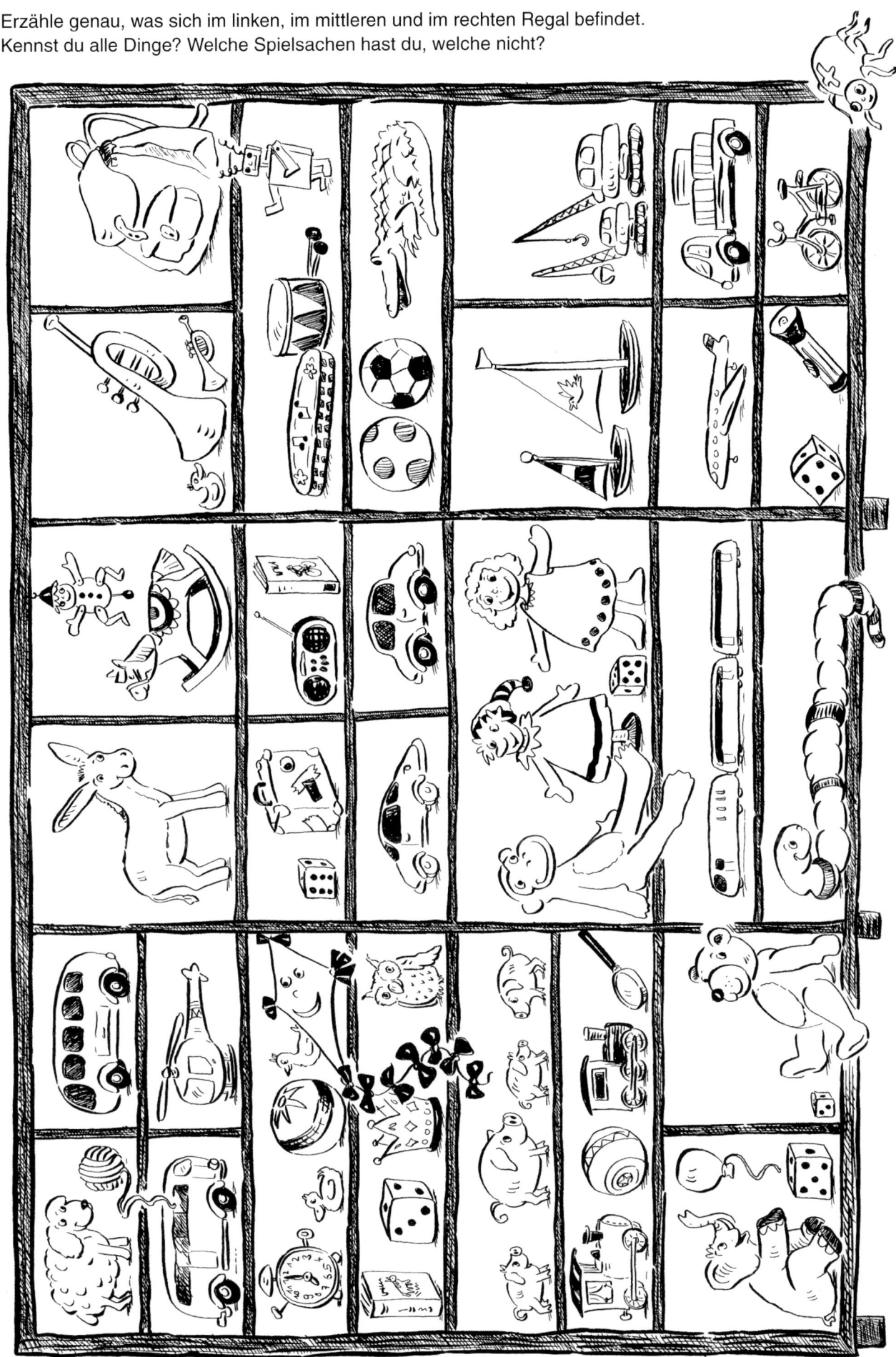

Kopiervorlage 24: Kleidungsstücke und Körperteile

Kannst du alle Dinge benennen?

Bekleidung

Körperteile

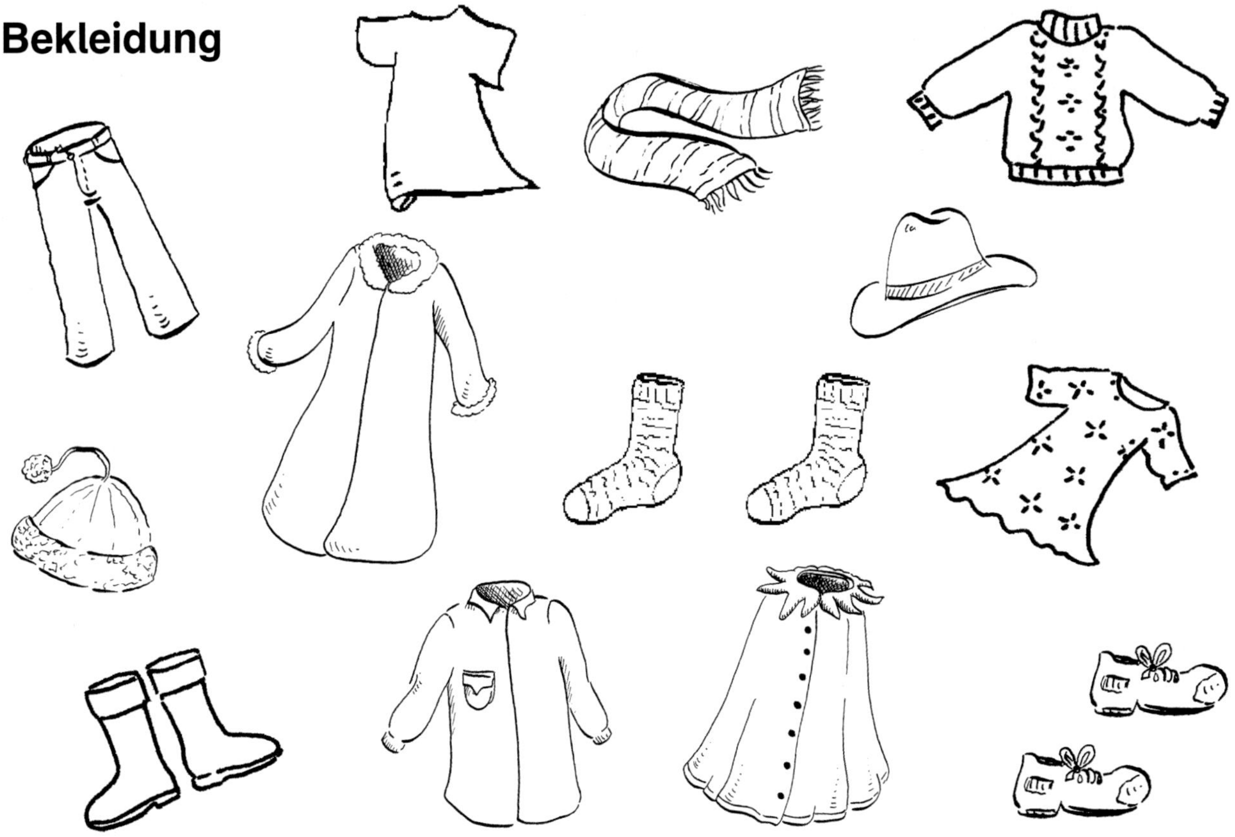

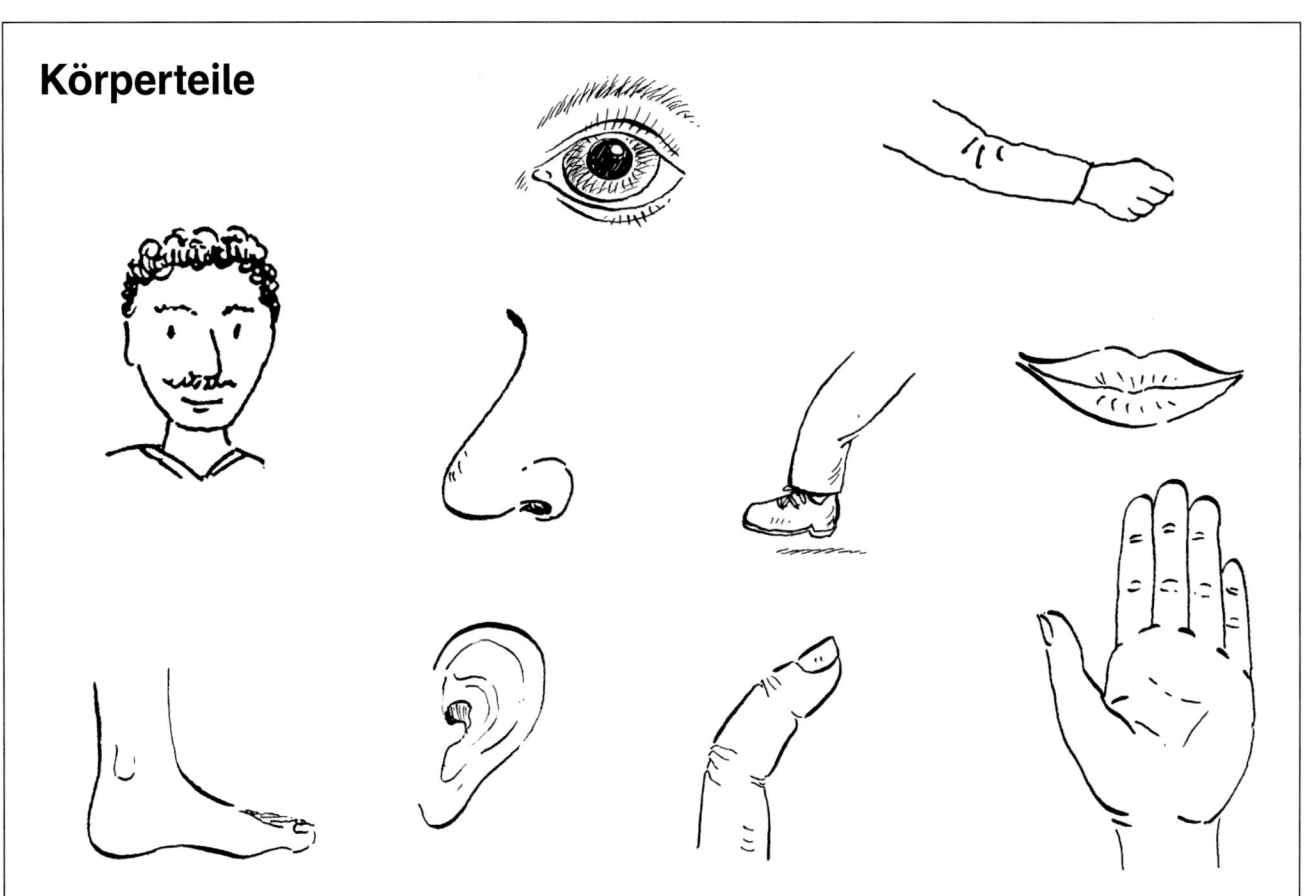

Kopiervorlage 25: Ich kenne viele Tiere

Ich nenne einen Tiernamen und du kreist das Tier mit einem Buntstift ein.
Erzähle, was du von jedem Tier weißt.

Kopiervorlage 26: Fahrzeuge und Möbel

Kannst du alle Dinge benennen?

Fahrzeuge

Möbel

Kopiervorlage 27: Einkaufen

Was kannst du in den Geschäften kaufen?
Erzähle und male.

Die Metzgerei	Der Obst- und Gemüseladen	Die Bäckerei

Kopiervorlage 28: Obst und Gemüse

Was isst du besonders gern? Erzähle.

Obst

Gemüse

Kopiervorlage 29: Dinge im Haushalt

Kannst du alle Gegenstände benennen?

Kopiervorlage 30: Das esse ich gern! Das esse ich nicht so gern!

Erzähle was du schon oft gegessen hast.
Was kennst du nicht? Erzähle.

Kopiervorlage 31: Suchbild: Zwei Bilder genau miteinander vergleichen

Im rechten Bild fehlt einiges. Kreuze im rechten Bild die Unterschiede an.
Findest du alle 7 Fehler?

Eine interessante Bildergeschichte

Schneide die drei Bilder aus und lege sie in die richtige Reihenfolge.
Erzähle, was hier passiert.

Kopiervorlage 32: Wir backen feine Kuchen

Sieh dir das Bild genau an und erzähle.
Suche die Ausschnitte (Sterne) im Bild. Verbinde miteinander.

Kopiervorlage 33: Eine lustige Geburtstagsfeier

Sieh dir das Bild genau an und erzähle.
Suche die Ausschnitte im Bild. Verbinde miteinander.

Ganser/Schüller: Das kann ich schon im (Vor-)Schulalter Band 2
© Auer Verlag

Kopiervorlage 34: Wir frühstücken gemeinsam

Sieh dir das Bild genau an und erzähle.
Suche die Ausschnitte im Bild. Verbinde miteinander.

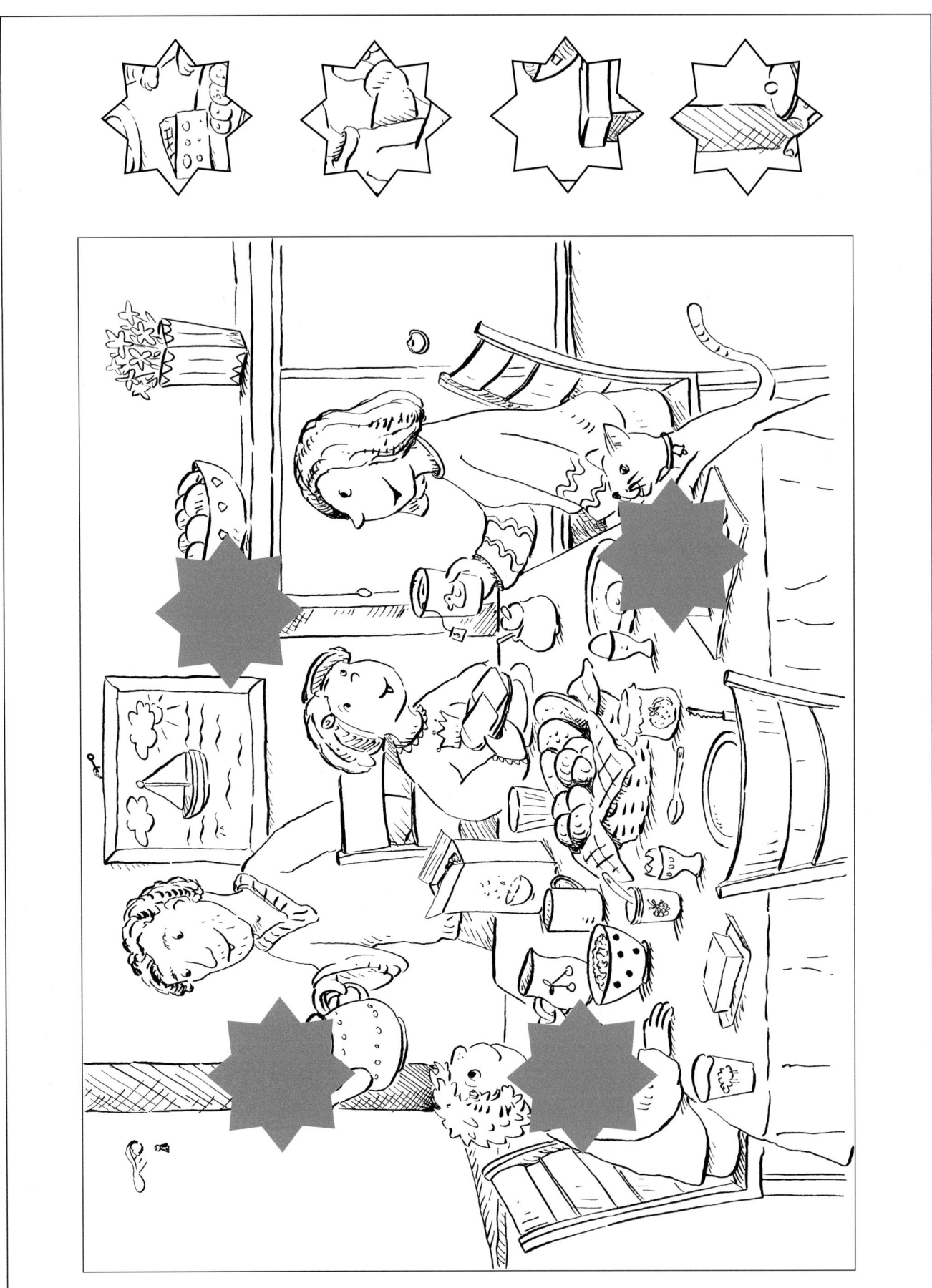

Kopiervorlage 35: Ich helfe im Garten

Sieh dir das Bild genau an und erzähle.
Suche die Ausschnitte im Bild. Verbinde miteinander.

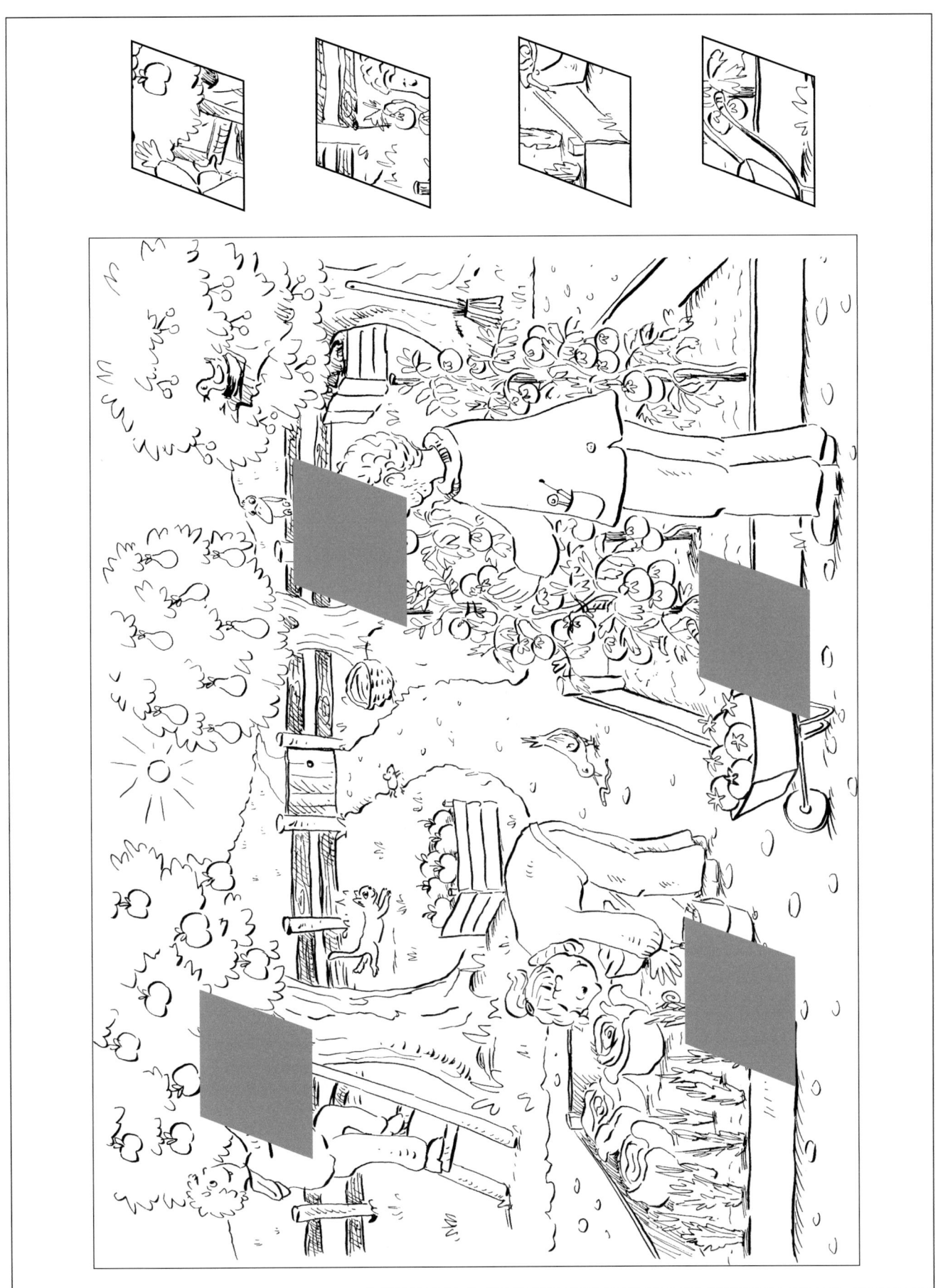

Kopiervorlage 36: Ich bin krank

Sieh dir das Bild genau an und erzähle.
Suche die Ausschnitte im Bild. Verbinde miteinander.

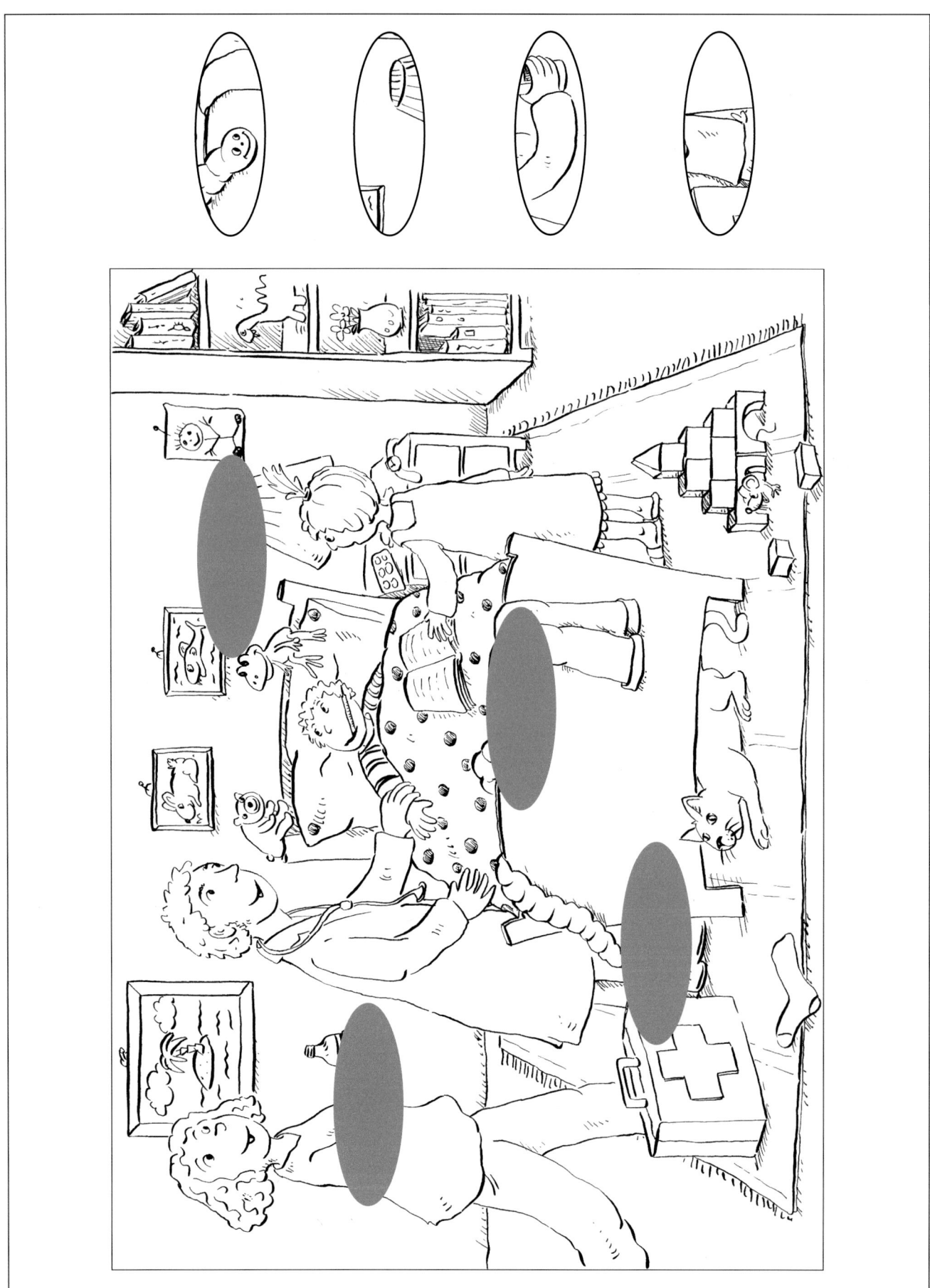

Kopiervorlage 37: In der Stadt

Sieh dir das Bild genau an und erzähle.
Suche die Ausschnitte im Bild. Verbinde miteinander.

Kopiervorlage 38: Wir kaufen ein

Sieh dir das Bild genau an und erzähle.
Suche die Ausschnitte im Bild. Verbinde miteinander.

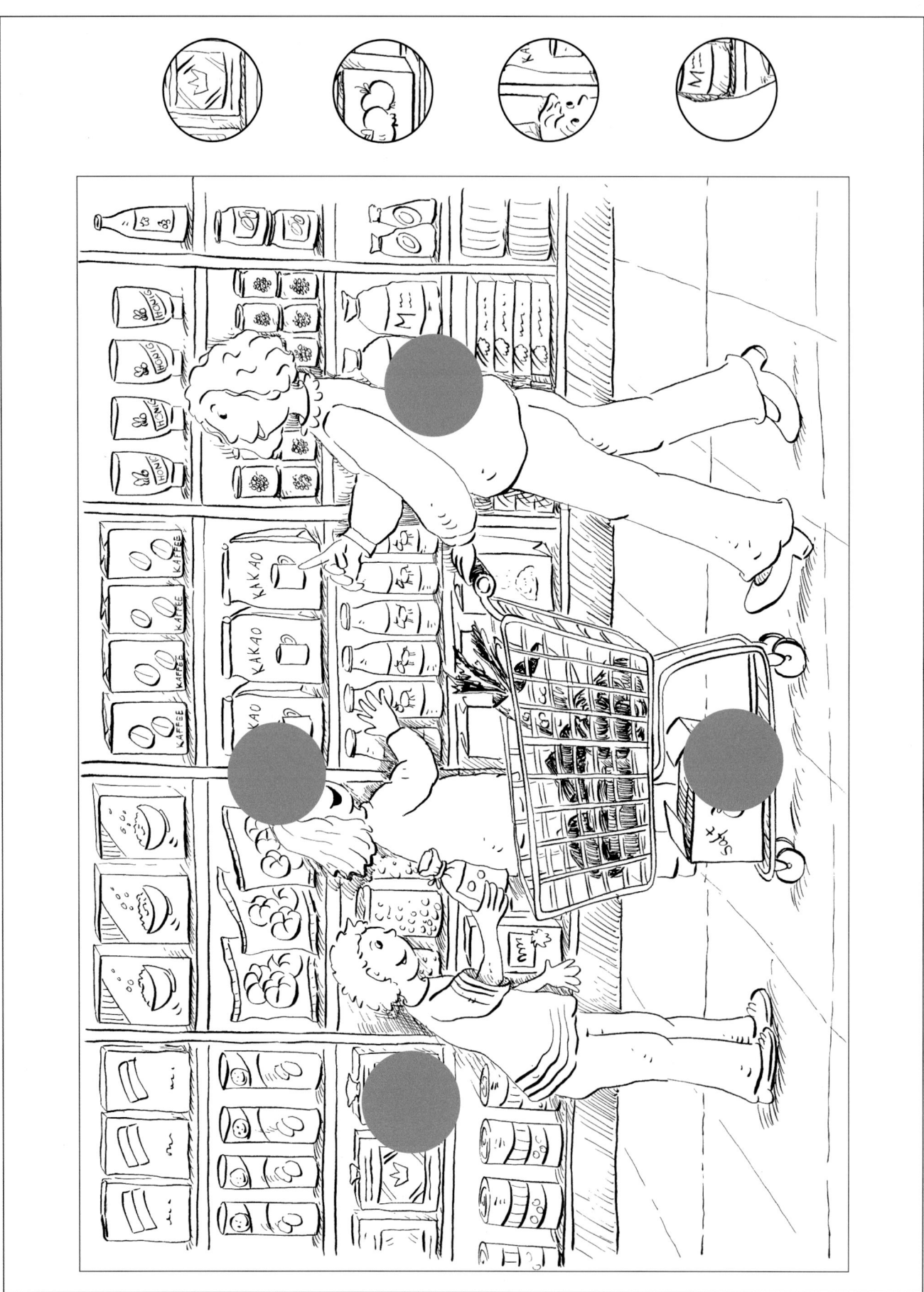

Kopiervorlage 39: Drache Kuno spuckt …

Welche Zeichen kannst du schon?
Erzähle, was Drache Kuno alles ausspuckt.

Kopiervorlage 40: Buchstabe, Zahl oder Form?

Male alle Buchstaben gelb, alle Zahlen blau und alle Formen rot aus.
Welche Buchstaben und Zahlen kannst du schon lesen?

W	E	P	6	S	9	M
□	R	B	L	E	T	D
N	5	A	S	T	0	E
E	W	T	G	Y	Ü	R
R	U	N	○	P	7	R
8	D	F	Q	X	S	I
N	S	O	3	E	△	K
G	□	L	Ö	T	V	1
4	E	P	▭	S	C	M

Kopiervorlage 41: Lauteschiff und Lautefisch

Anlaut, Inlaut oder Endlaut?
Stecke deinen Zeigefinger durch das linke, das mittlere oder das rechte Loch.

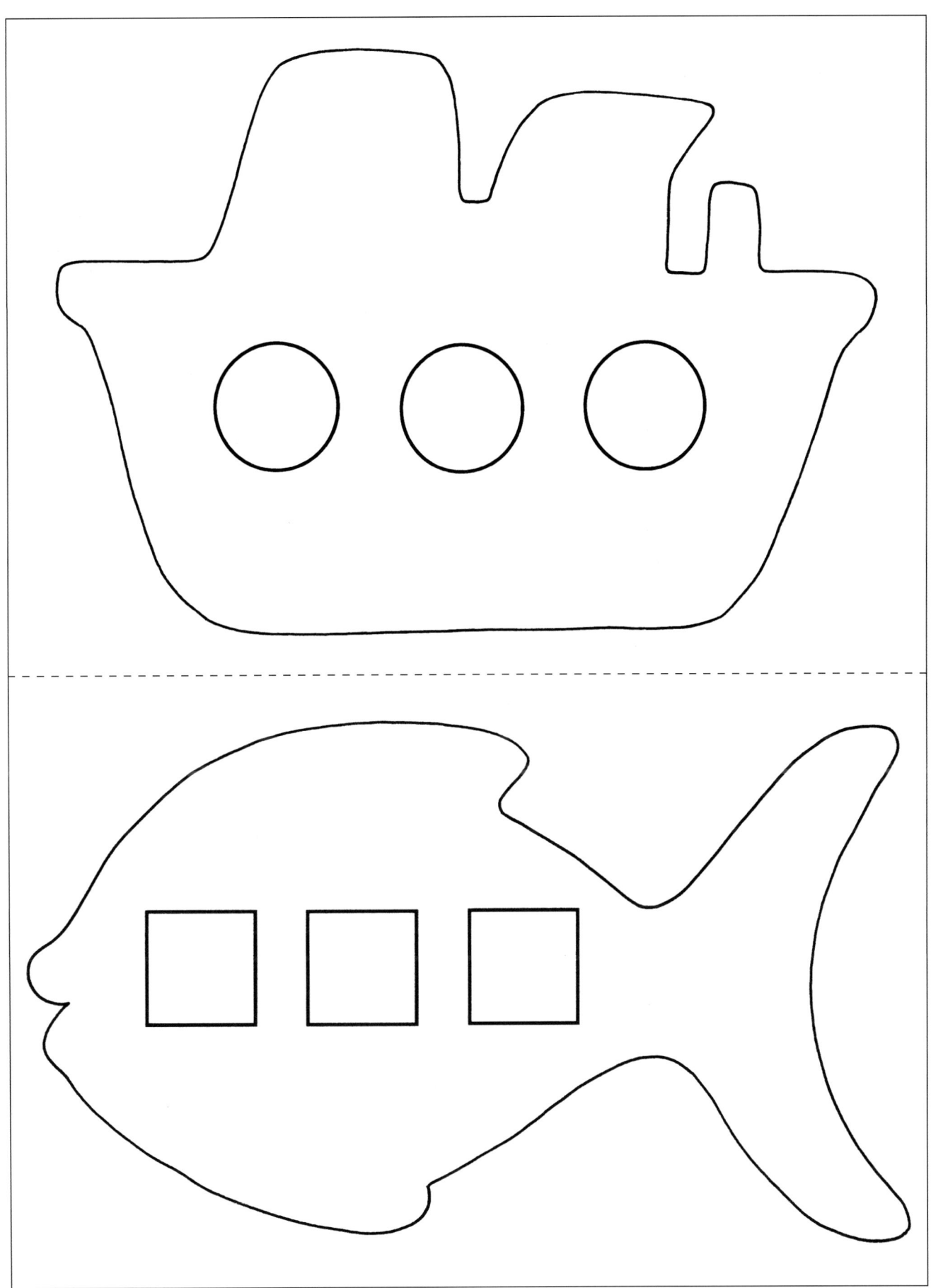

Kopiervorlage 42: Fragen zu Buchstaben

Finde die Lösungswörter.
Die Bilder helfen dir.

Was ist gemeint?

Welches „I" hat Federschmuck am Kopf?

Welches „H" hat zwei Ärmel?

Welches „Z" hat schwarze Streifen?

Mit welchem „L" kannst du etwas vergrößern?

Welches „P" wächst im Wald?

Welches „F" quakt?

Welches „M" steht nachts am Himmel?

Welches „G" hat einen langen Hals?

Welches „K" hat Stacheln?

Welches „A" hat drei Farben und steht auf der Straße?

Aus welchem „G" kannst du einen Salat machen?

Auf welches „B" kannst du Butter schmieren?

Welches „K" trinkt gerne Milch?

Welches „T" kannst du umhängen?

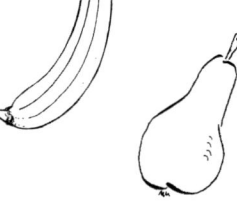

Welches „B" ist schön saftig?

Mit welchem „Z" kannst du kneifen?

Lösungen: Indianer, Hemd, Zebra, Lupe, Pilz, Frosch, Mond, Giraffe, Kaktus, Ampel, Gurke, Brot, Katze, Tasche, Birne, Zange

Kopiervorlage 43: Lautkugeln malen (1)

Wie viele Laute hörst du?
Male die Lautkugeln.

Kopiervorlage 44: Lautkugeln malen (2)

Wie viele Laute hörst du?
Male die Lautkugeln.

Kopiervorlage 45: Silben fangen

Ich nenne eine Silbe.
Du suchst sie und malst den Kreis aus.

Kopiervorlage 46: Unterhaltung in der Silbensprache: Silbenkärtchen

Schneide die Silbenkärtchen aus.
Lies jedes vor und klebe es in das Silbengitter (S. 77) hinein.

zei	wei	nei	lei	rei
zau	wau	nau	lau	rau
zu	wu	nu	lu	ru
zo	wo	no	lo	ro
zi	wi	ni	li	ri
ze	we	ne	le	re
za	wa	na	la	ra

Kopiervorlage 47: Unterhaltung in der Silbensprache: Silbengitter

Kopiervorlage 48: So heißen meine Freunde! (1)

Kannst du die Bilderrätsel lösen?
Die Buchstabentürme (S. 34) helfen dir!

Kopiervorlage 49: So heißen meine Freunde! (2)

Kannst du die Bilderrätsel lösen?
Die Buchstabentürme helfen dir!

Kopiervorlage 50: So heißen meine Freunde! (3)

Kannst du die Bilderrätsel lösen?
Die Buchstabentürme helfen dir!

Kopiervorlage 51: Auf und ab im Lesehochhaus

Schneide die Buchstabenleiste aus. Lege sie vor die Buchstaben im Haus.
Schiebe die Leiste hinauf und hinunter und lies die verschiedenen Silben.

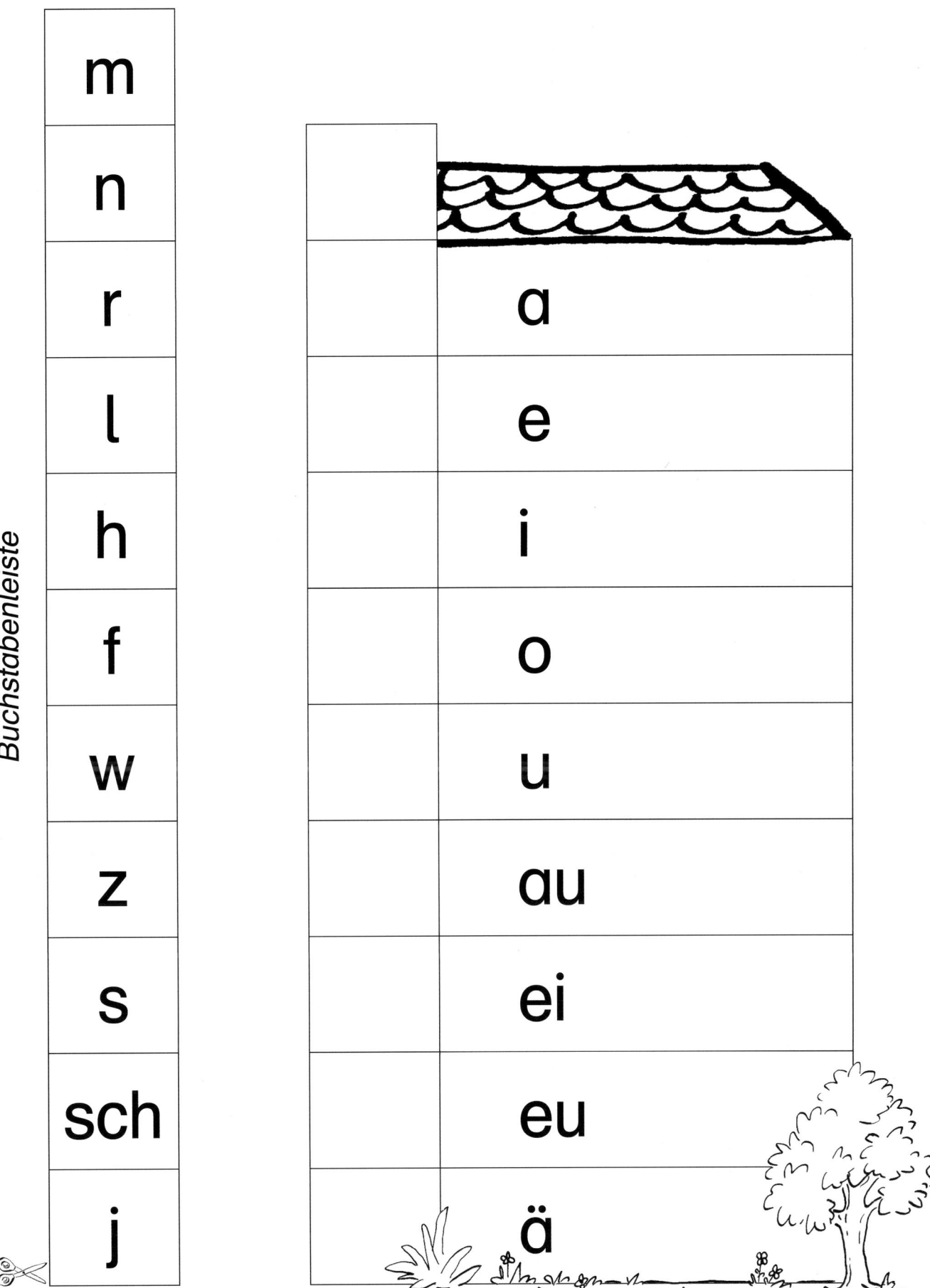

Kopiervorlage 52: Wortanfänge lesen

Kreise unter jedem Bild den richtigen Wortanfang ein.

Sa   Su   So   Ta   To   Tu   Ro   Ri   Ra

  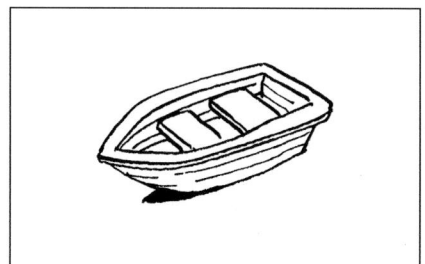

Pu   Pe   Pi   Mo   Mu   Ma   Bo   Bi   Ba

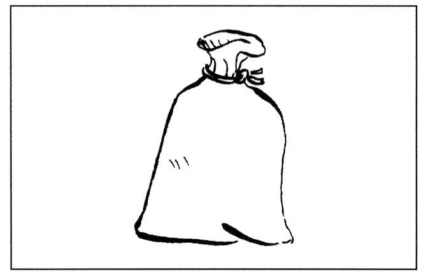 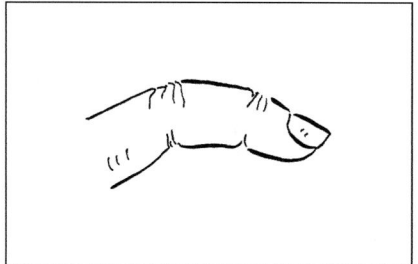 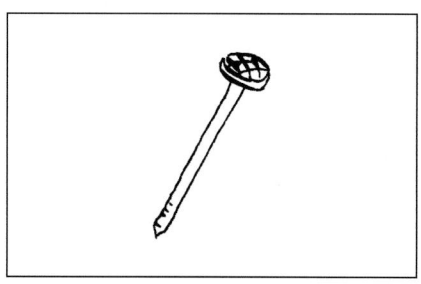

Se   So   Sa   Fi   Fu   Fo   Nu   Na   Ni

  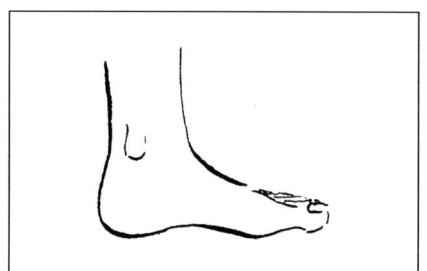

Ar   As   Am   Bo   Bi   Ba   Fe   Fi   Fu

Kopiervorlage 53: Silbenpuzzle (1)

Schneide erst die Kärtchen aus. Schneide dann die Kärtchen an den gestrichelten Linien auseinander. Mische die Kartenteile und füge sie wieder zusammen. Dabei sprichst du in der Robotersprache.

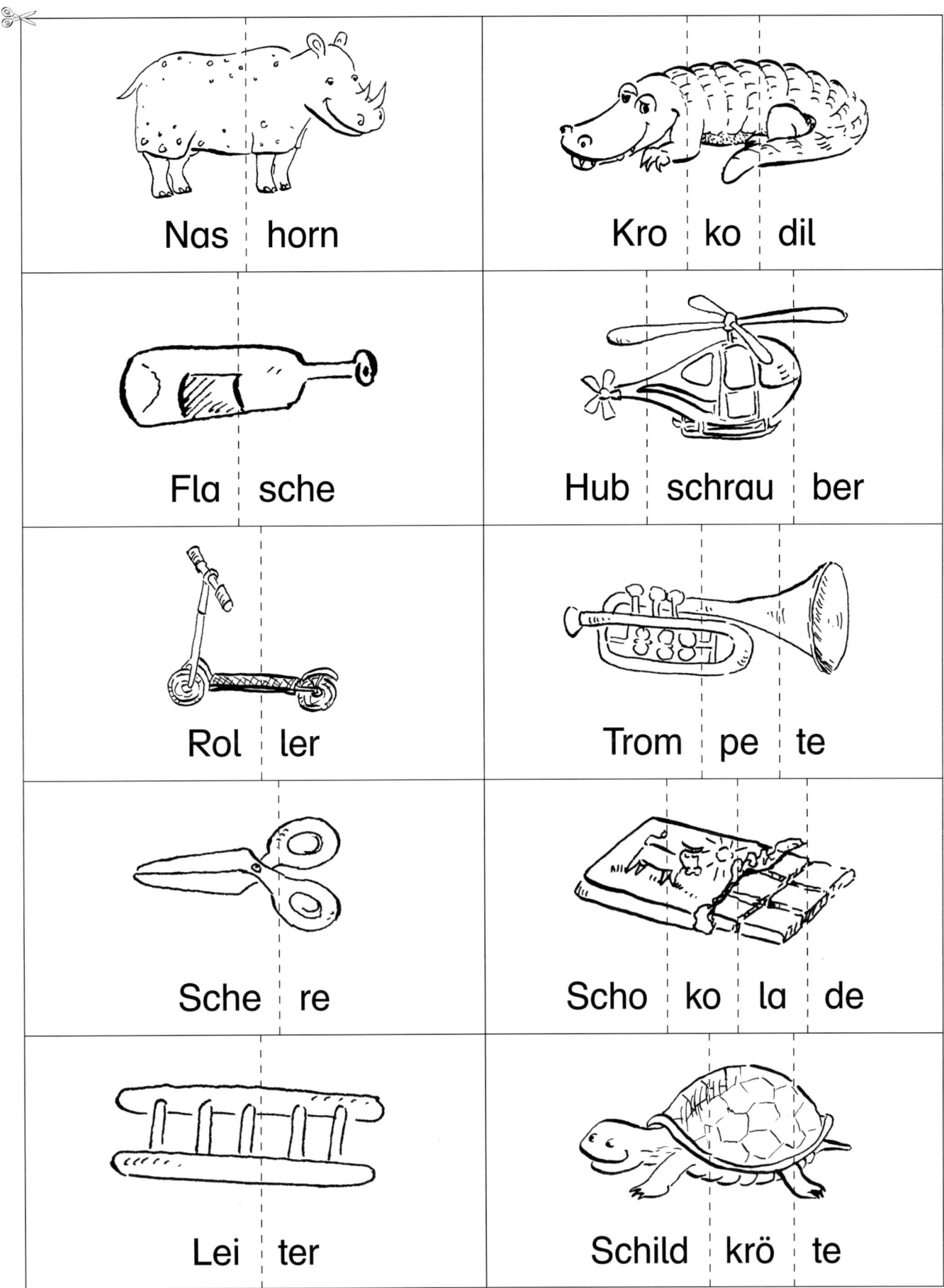

Kopiervorlage 54: Silbenpuzzle (2)

Schneide erst die Kärtchen aus. Schneide dann die Kärtchen an den gestrichelten Linien auseinander. Mische die Kartenteile und füge sie wieder zusammen. Dabei sprichst du in der Robotersprache.

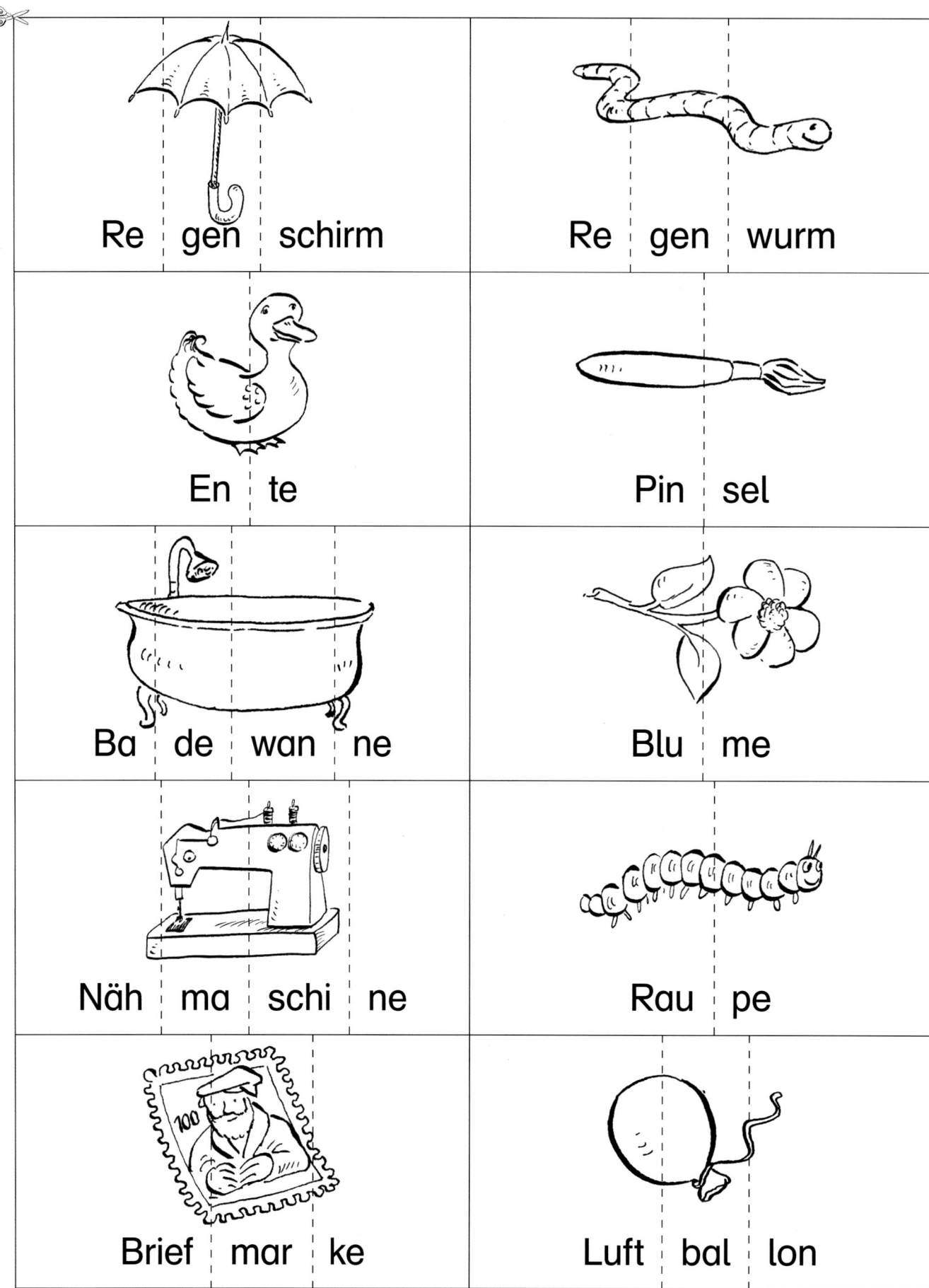

Kopiervorlage 55: Leselotto und Lesememory

Male die Bilder aus. Schneide die Karten auseinander.
Spiele Leselotto oder Lesememory (s. S. 20).

	die Kuh		das Haus		die Maus
	das Nest		das Ei		der Hase
	die Schule		der Ball		der Apfel
	die Blume		die Ente		das Buch
	der Vogel		die Nase		die Birne
	das Auge		das Auto		der Finger
	der Hund		das Brot		das Ohr

Ganser/Schüller: Das kann ich schon im (Vor-)Schulalter Band 2
© Auer Verlag

Kopiervorlage 56: Klammerwörter (1)

Schau das Bild an und lies die Wörter daneben. Das richtige Wort bekommt eine Klammer.
Kannst du die Wörter abschreiben?

Kopiervorlage 57: Klammerwörter (2)

Schau das Bild an und lies die Wörter daneben. Das richtige Wort bekommt eine Klammer.
Kannst du die Wörter abschreiben?

Kopiervorlage 58: Mein Wörterquartett (1)

Immer 4 Karten gehören zusammen. Sammle die Quartette.

die **Ampel**
der **A**pfel
die **A**nanas
der **A**ffe

der **Apfel**
die **A**nanas
der **A**ffe
die **A**mpel

die **Ananas**
der **A**ffe
die **A**mpel
der **A**pfel

der **Affe**
die **A**mpel
der **A**pfel
die **A**nanas

der **Elefant**
die **E**rdbeeren
der **E**sel
die **E**nte

die **Ente**
der **E**sel
die **E**rdbeeren
der **E**lefant

Kopiervorlage 59: Mein Wörterquartett (2)

die **Erdbeeren**
der Esel
die Ente
der Elefant

der **Esel**
die Ente
der Elefant
die Erdbeeren

der **Igel**
der Indianer
der Iglu
die Insel

die **Insel**
der Iglu
der Indianer
der Igel

der **Iglu**
die Insel
der Igel
der Indianer

der **Indianer**
der Iglu
die Insel
der Igel

Kopiervorlage 60: Mein Wörterquartett (3)

das Obst
die Oma
die Orangen
das Ohr

die Orangen
das Ohr
die Oma
das Obst

die Oma
das Obst
das Ohr
die Orangen

das Ohr
die Orangen
das Obst
die Oma

die Uhr
das Ufo
der Unfall
das Unterhemd

das Ufo
das Unterhemd
die Uhr
der Unfall

Kopiervorlage 61: Mein Wörterquartett (4)

der **Unfall**
die **U**hr
das **U**nterhemd
das **U**fo

das **Unterhemd**
der **U**nfall
das **U**fo
die **U**hr

das **Schaf**
das **Sch**iff
die **Sch**ere
der **Sch**al

das **Schiff**
das **Sch**af
der **Sch**al
die **Sch**ere

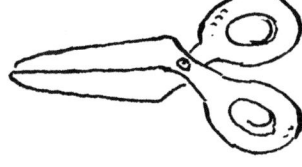

die **Schere**
der **Sch**al
das **Sch**af
das **Sch**iff

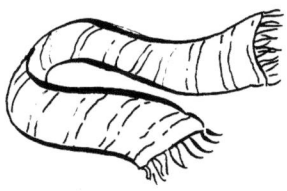

der **Schal**
die **Sch**ere
das **Sch**iff
das **Sch**af

Kopiervorlage 62: Mein Wörterquartett (5)

die **B**irne
der **B**us
der **B**all
die **B**anane

der **B**us
der **B**all
die **B**anane
die **B**irne

der **B**all
die **B**anane
die **B**irne
der **B**us

die **B**anane
die **B**irne
der **B**us
der **B**all

der **P**insel
das **P**aket
der **P**ilz
die **P**uppe

das **P**aket
der **P**ilz
die **P**uppe
der **P**insel

Kopiervorlage 63: Mein Wörterquartett (6)

der **Pilz**
die **P**uppe
der **P**insel
das **P**aket

die **Puppe**
der **P**insel
das **P**aket
der **P**ilz

die **Gabel**
der **G**epard
die **G**iraffe
die **G**itarre

der **Gepard**
die **G**iraffe
die **G**itarre
die **G**abel

die **Giraffe**
die **G**itarre
die **G**abel
der **G**epard

die **Gitarre**
die **G**abel
der **G**epard
die **G**iraffe

Kopiervorlage 64: Mein Wörterquartett (7)

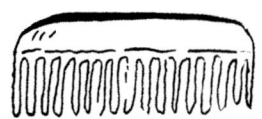

der **K**amm
die **K**iste
der **K**orb
das **K**rokodil

die **K**iste
der **K**orb
das **K**rokodil
der **K**amm

der **K**orb
das **K**rokodil
der **K**amm
die **K**iste

das **K**rokodil
der **K**amm
die **K**iste
der **K**orb

die **D**ose
das **D**ach
der **D**eckel
die **D**usche

das **D**ach
der **D**eckel
die **D**usche
die **D**ose

Kopiervorlage 65: Mein Wörterquartett (8)

der **Deckel**
die Dusche
die Dose
das Dach

die **Dusche**
die Dose
das Dach
der Deckel

der **Tisch**
die Tomate
die Tasche
die Torte

die **Tasche**
die Torte
die Tomate
der Tisch

die **Tomate**
die Tasche
die Torte
der Tisch

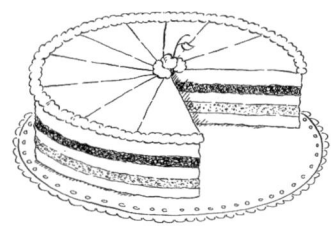

die **Torte**
der Tisch
die Tasche
die Tomate

Kopiervorlage 66: Wörter suchen: Wörter im Wort finden

In den Wörtern sind andere Wörter versteckt.
Male mit dem gelben Buntstift die Wörter an, die du entdeckst.

Kopiervorlage 67: Leseröllchen: Familie Kunterbunt

In der Wohnung liegen viele Dinge herum.
Male die Dinge so aus wie angegeben.

Eine grüne Socke.
Eine rote Hose.
Ein blauer Fisch.
Ein gelber Stern.
Ein brauner Hund.
Ein graues Radio.
Eine rosa Blume.
Ein bunter Handschuh.
Eine graue Spielzeugmaus.
Ein lila Knopf.
Mein Lieblingsteddy.

Kopiervorlage 68: Welcher Satz gehört zu welchem Bild? (1)

Lies jeden Satz und verbinde mit dem richtigen Bild.

Der Stern ist gelb.

Das Eis schmeckt gut.

Das ist mein Hund Fifi.

Das Bild hängt
an der Wand.

Der Fisch ist im Wasser.

Ich esse gerne Brot.

Der Tisch ist groß.

Das ist mein
neues Buch.

Am Sonntag esse
ich ein Ei.

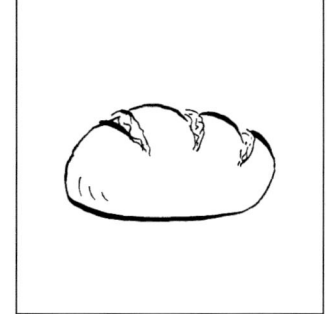

Kopiervorlage 69: Welcher Satz gehört zu welchem Bild? (2)

Lies jeden Satz und verbinde mit dem richtigen Bild.

Das Schaf blökt.

Die Giraffe hat einen langen Hals.

Ein Auto parkt vor dem Haus.

Im Wald wachsen Pilze.

Ein munterer Fisch schwimmt im Wasser.

Der Mond scheint hell am Himmel.

Das Eis wird weich und muss schnell gegessen werden.

Zum Einkaufen brauche ich den Korb.

Ich schalte die Lampe ein, wenn es dunkel wird.

Kopiervorlage 70: Ganz genau lesen üben

Lies und male passend aus.

Male den Hut grün aus.

Male den ersten Punkt blau,
den dritten Punkt grün aus.

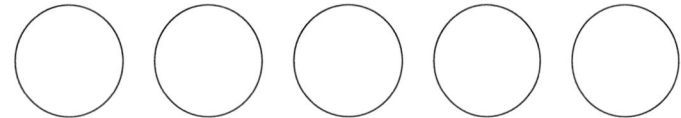

Aus dem Schornstein qualmt dicker schwarzer Rauch.

Male aus, was nicht fliegen kann.

   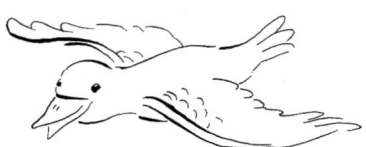

In der Vase sind drei rote und zwei gelbe Blumen.

Was frisst eine Maus am liebsten?
Male es aus.

Kreise die Zahlen **drei**, **eins** und **acht** ein.   9239416284

Kopiervorlage 71: Lustige Sätze legen und lesen

Schneide die Kärtchen aus.
Mische sie und lege lustige Sätze.

Die Kuh	frisst	Gras.
Andreas	wäscht	Geschirr.
Oma	trägt	eine Perücke.
Der Affe	hält	die Banane.
Kater Max	fängt	eine Maus.
Opa	rasiert	den Bart.
Der Vogel	baut	ein Nest.
Stefan	kauft	fünf Hörnchen.
Der Maler	verkauft	ein Bild.
Der Hund	kaut	sein Futter.

Kopiervorlage 72: Kaspar Larifaris bunter Formenanzug

Male in Kaspar Larifaris Anzug ein lustiges Muster aus vielen Formen: ☐ △ ◯.
Der Formenanzug muss noch genäht werden! Fahre mit einem Buntstift an der gestrichelten Linie entlang.

Kopiervorlage 73: Würfelspiel mit Formen

Jeder Spieler setzt einen Spielstein ins Startfeld. Nach dem Würfeln suchst du jeweils das nächste Feld, das so viele Formen hat wie Punkte gewürfelt wurden. Bis dort darfst du vorrücken. Um ins Ziel zu kommen, brauchst du eine 6. Kommst du auf ein Feld mit schwarzen Formen, musst du zurück zum Startfeld.

Kopiervorlage 74: Schätzen und zählen

Wie viele Formenplättchen von jeder Sorte sind es?
Schätze zuerst und zähle sie dann.

Kopiervorlage 75: Formenuhr

Schneide die Formenuhr und den Zeiger aus. Lege die Uhr auf eine Korkplatte und befestige den Zeiger in der Mitte mit einer Pinnnadel.
Richte den Zeiger auf ein Feld aus, lege die Formengruppe mit deinen Plättchen genau nach und vergleiche sie mit der Vorlage.

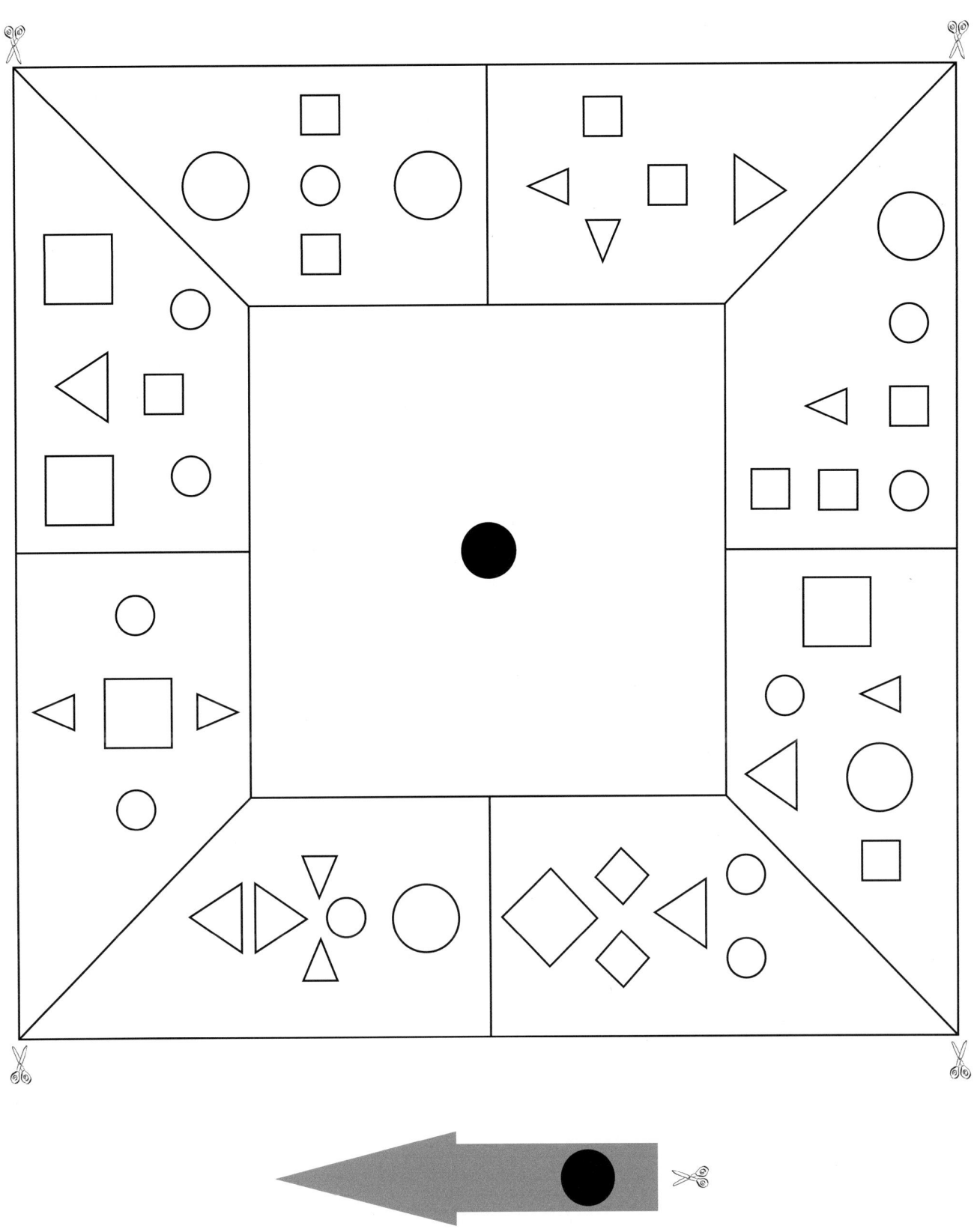

Ganser/Schüller: Das kann ich schon im (Vor-)Schulalter Band 2
© Auer Verlag

Kopiervorlage 76: Formenspiel mit Kreisen

Schneide die Formen aus.
Mische die Teile und füge sie wieder zusammen.

Kopiervorlage 77: Formenspiel mit Quadraten

Schneide die Formen aus.
Mische die Teile und füge sie wieder zusammen.

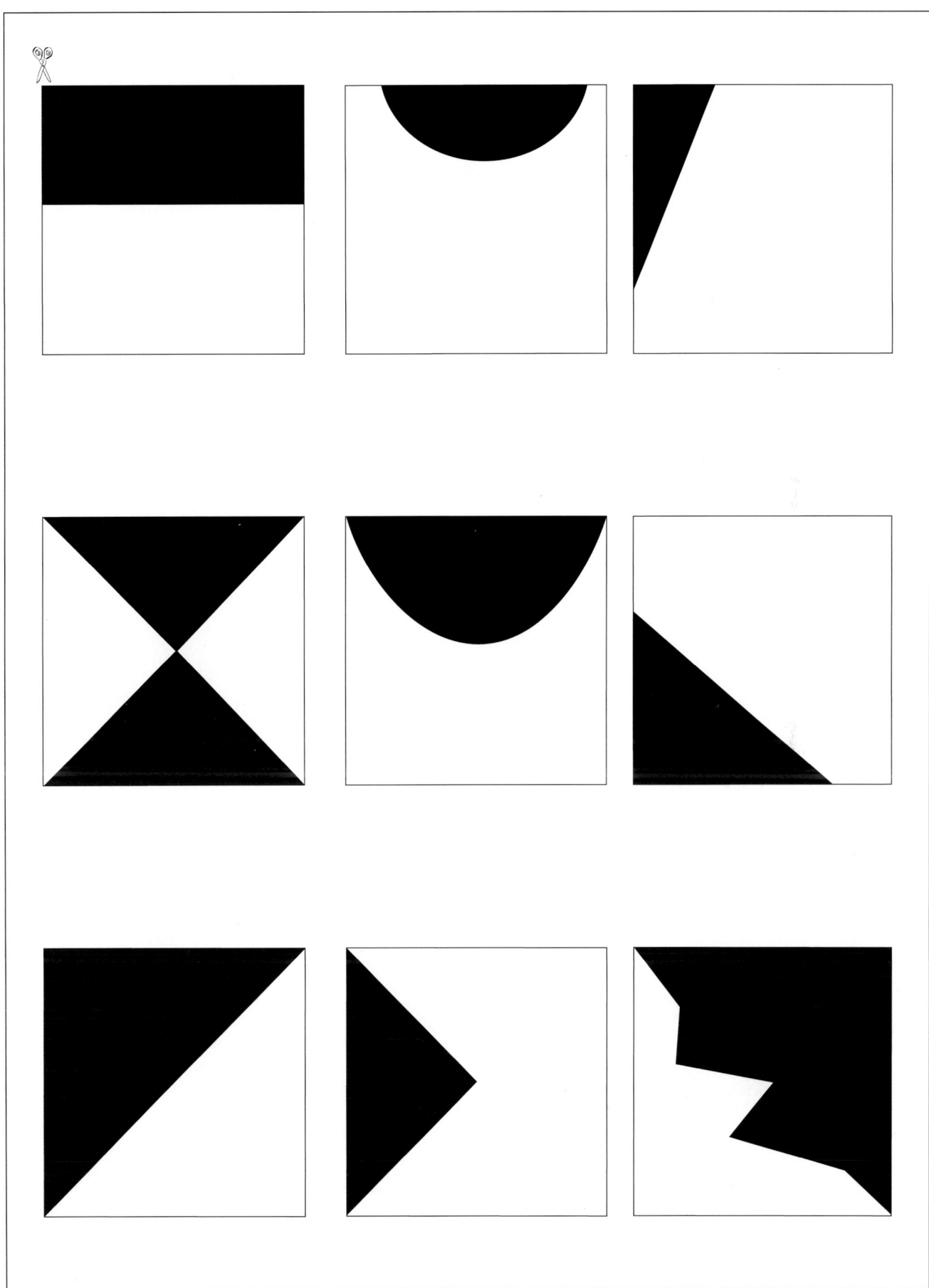

Kopiervorlage 78: Formenspiel mit Dreiecken

Schneide die Formen aus.
Mische die Teile und füge sie wieder zusammen.

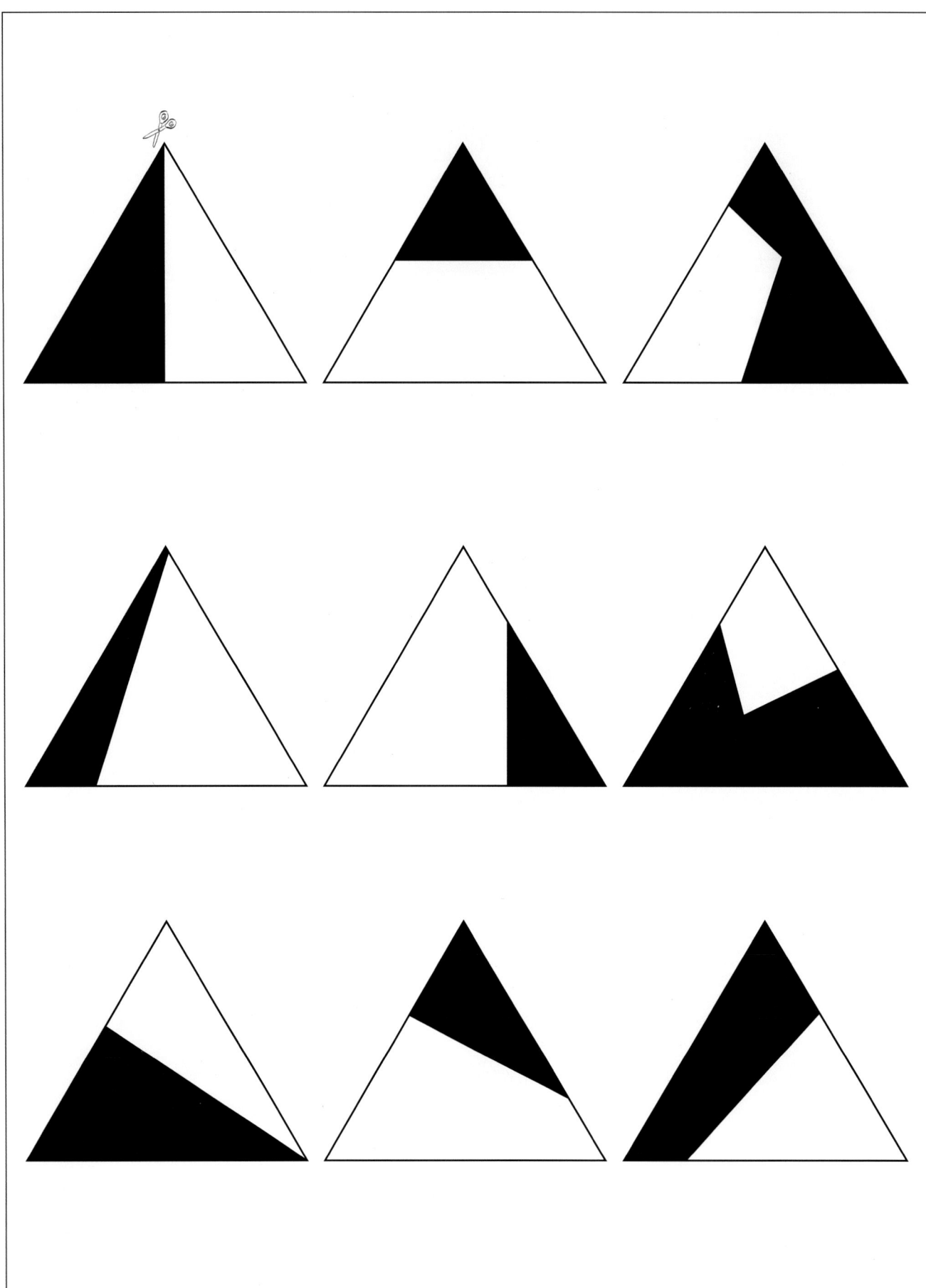

Kopiervorlage 79: Im Formenland

Erzähle, welche Formen du erkennst und zeige sie.
Dann darfst du die Häuser ausmalen. Zähle die Formen jeder Sorte.

Kopiervorlage 80: Tüchtige Baumeister (1)

Reichen die Bausteine, um das Gebäude zu bauen?
Schätze und zähle.

Kopiervorlage 81: Tüchtige Baumeister (2)

Reichen die Bausteine, um das Gebäude zu bauen?
Schätze und zähle.

Kopiervorlage 82: Figuren übertragen: Haus

Übertrage die Figur vom oberen Feld in das untere.
Tipp: Zähle die Punkte.

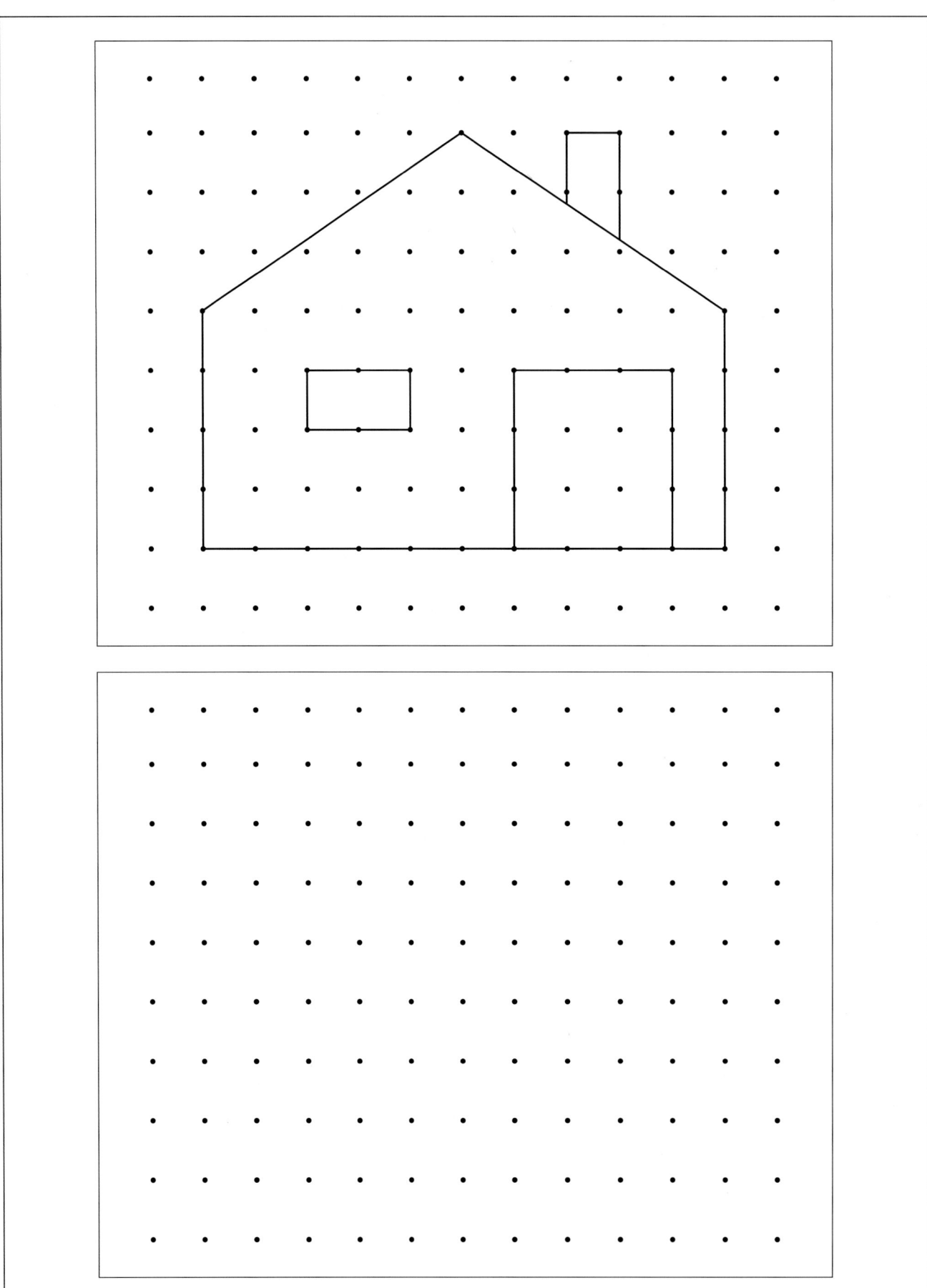

Kopiervorlage 83: Figuren übertragen: Auto

Übertrage die Figur vom oberen Feld in das untere.
Tipp: Zähle die Punkte.

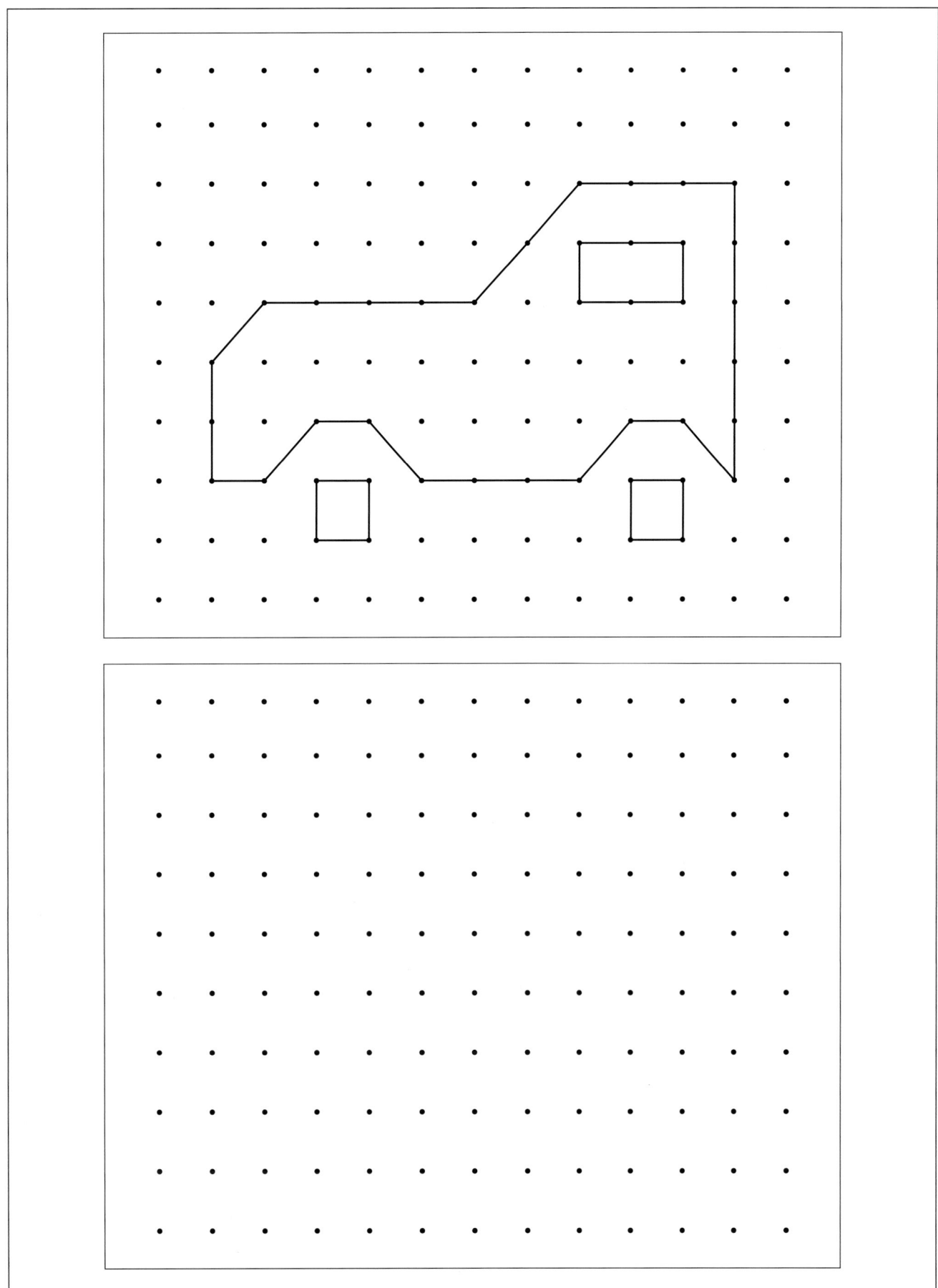

Kopiervorlage 84: Figuren übertragen: Schiff

Übertrage die Figur vom oberen Feld in das untere.
Tipp: Zähle die Punkte.

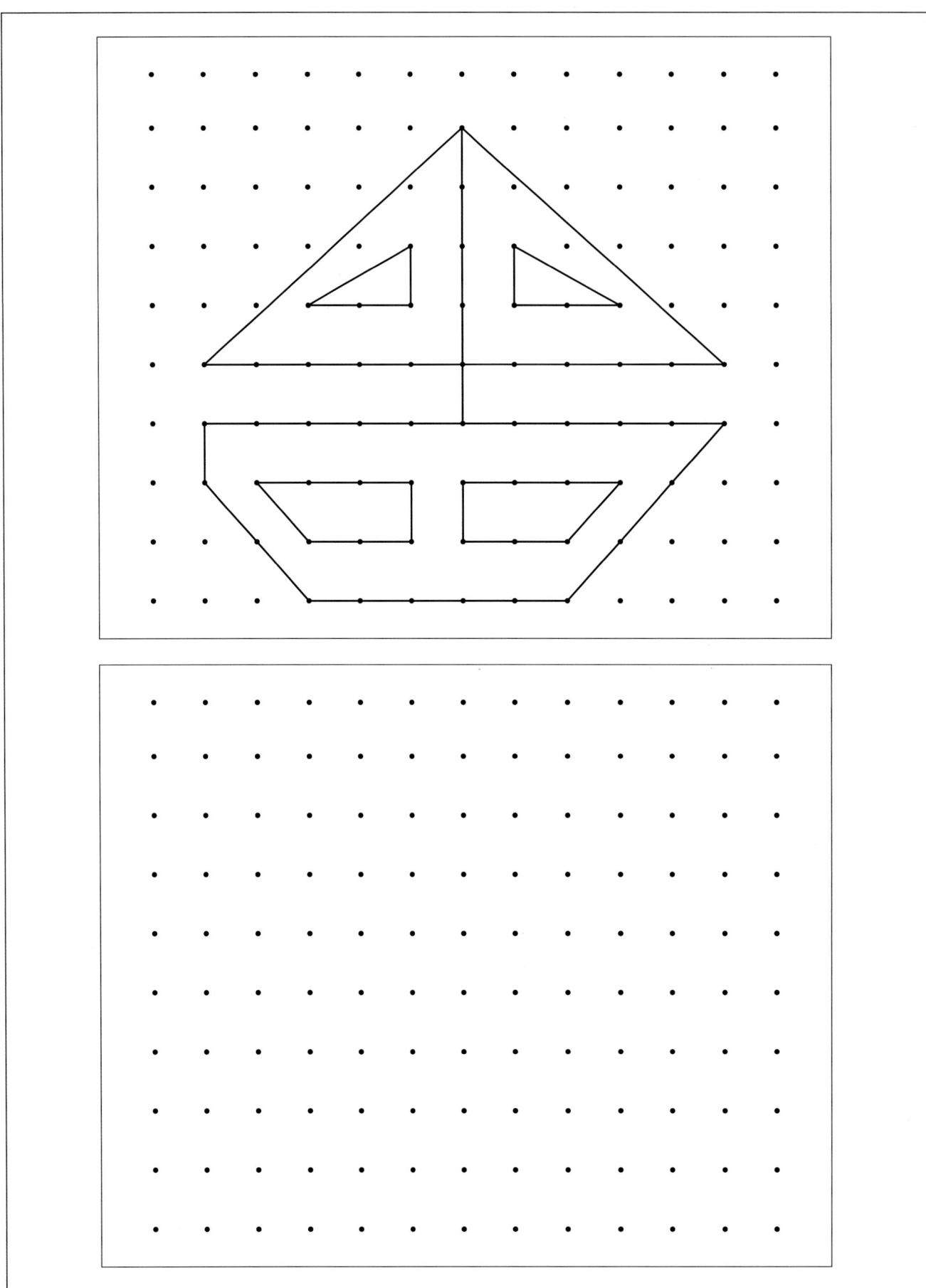

Kopiervorlage 85: Muster übertragen

Übertrage jedes Muster mit Buntstift in das darunterliegende Feld.
Du kannst das Blatt auch an der gestrichelten Linie nach hinten falten und das Muster auswendig malen.

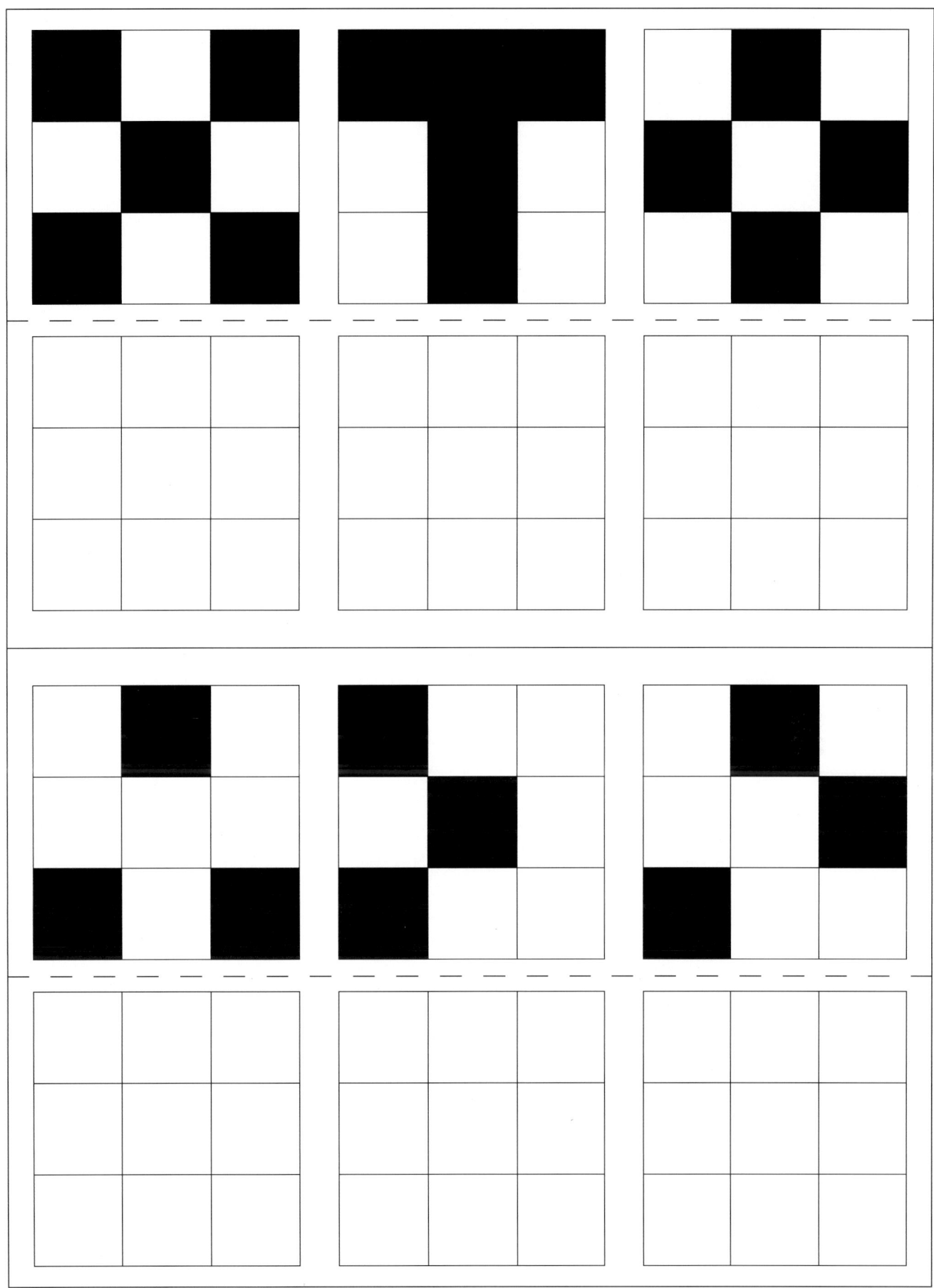

Ganser/Schüller: Das kann ich schon im (Vor-)Schulalter Band 2
© Auer Verlag

Kopiervorlage 86: Köpfchen, Köpfchen

Übertrage jedes Muster in das leere Feld daneben.

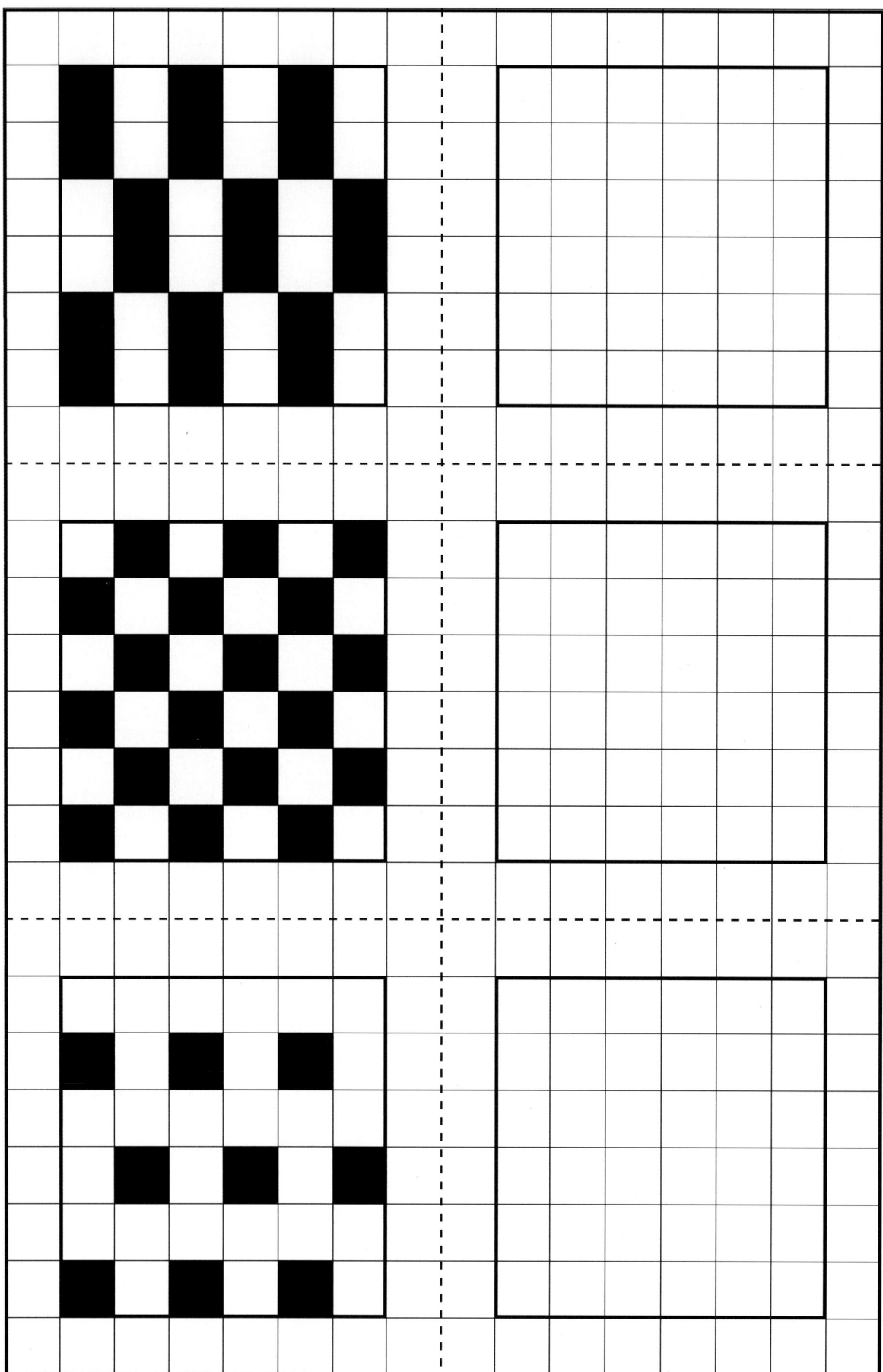

Kopiervorlage 87: Dinge zählen und verpacken

Zähle das Obst in jeder Kiste.
Wie viele sind von jeder Sorte da?

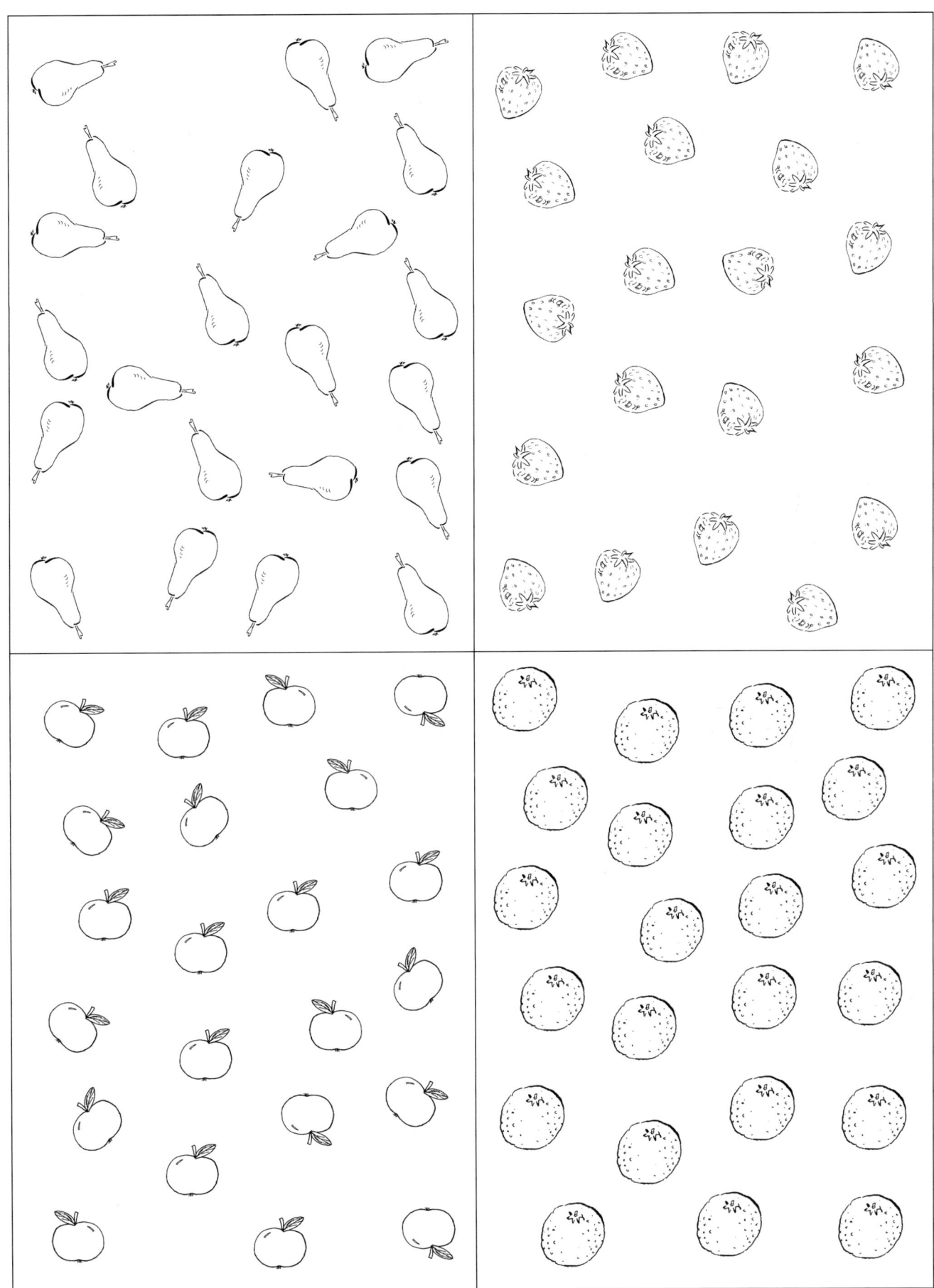

Kopiervorlage 88: Zahlen schreiben üben

Schreibe die Zahlen genau ab.

10									10
11									11
12									12
13									13
14									14
15									15
16									16
17									17
18									18
19									19
20									20

Kopiervorlage 89: Menge-Zahl-Puzzle

Schneide die Kärtchen aus und an den gestrichelten Linien auseinander.
Mische die Karten und füge sie wieder richtig zusammen. Zähle die Punkte und vergleiche sie mit der Zahl.

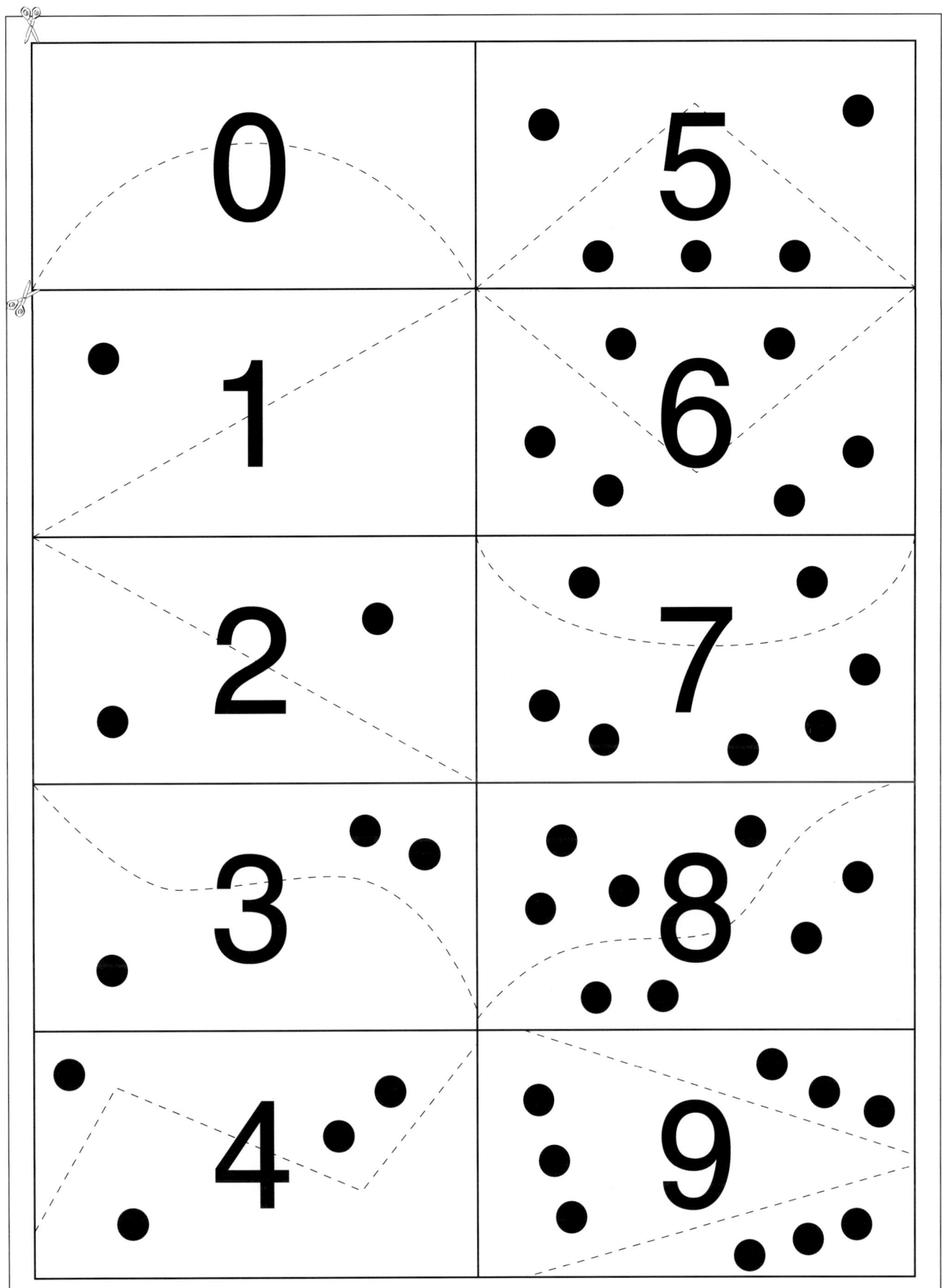

Ganser/Schüller: Das kann ich schon im (Vor-)Schulalter Band 2
© Auer Verlag

Kopiervorlage 90: Legespiel mit Mengen und Zahlen (1)

Schneide die Puzzleteile auseinander und mische sie.
Suche zu den Bildkarten die passenden Zahlkarten.

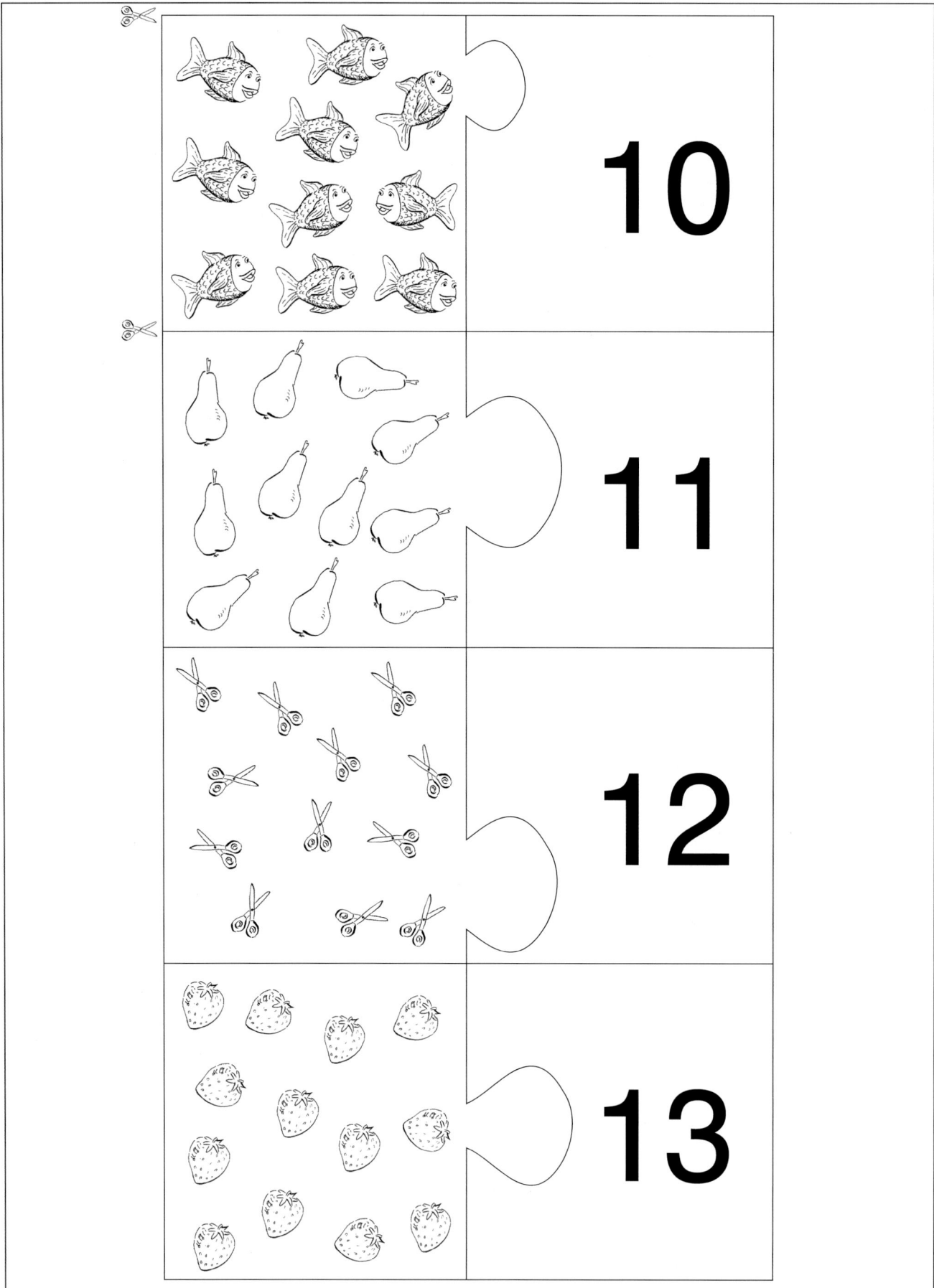

Kopiervorlage 91: Legespiel mit Mengen und Zahlen (2)

Schneide die Puzzleteile auseinander und mische sie.
Suche zu den Bildkarten die passenden Zahlkarten.

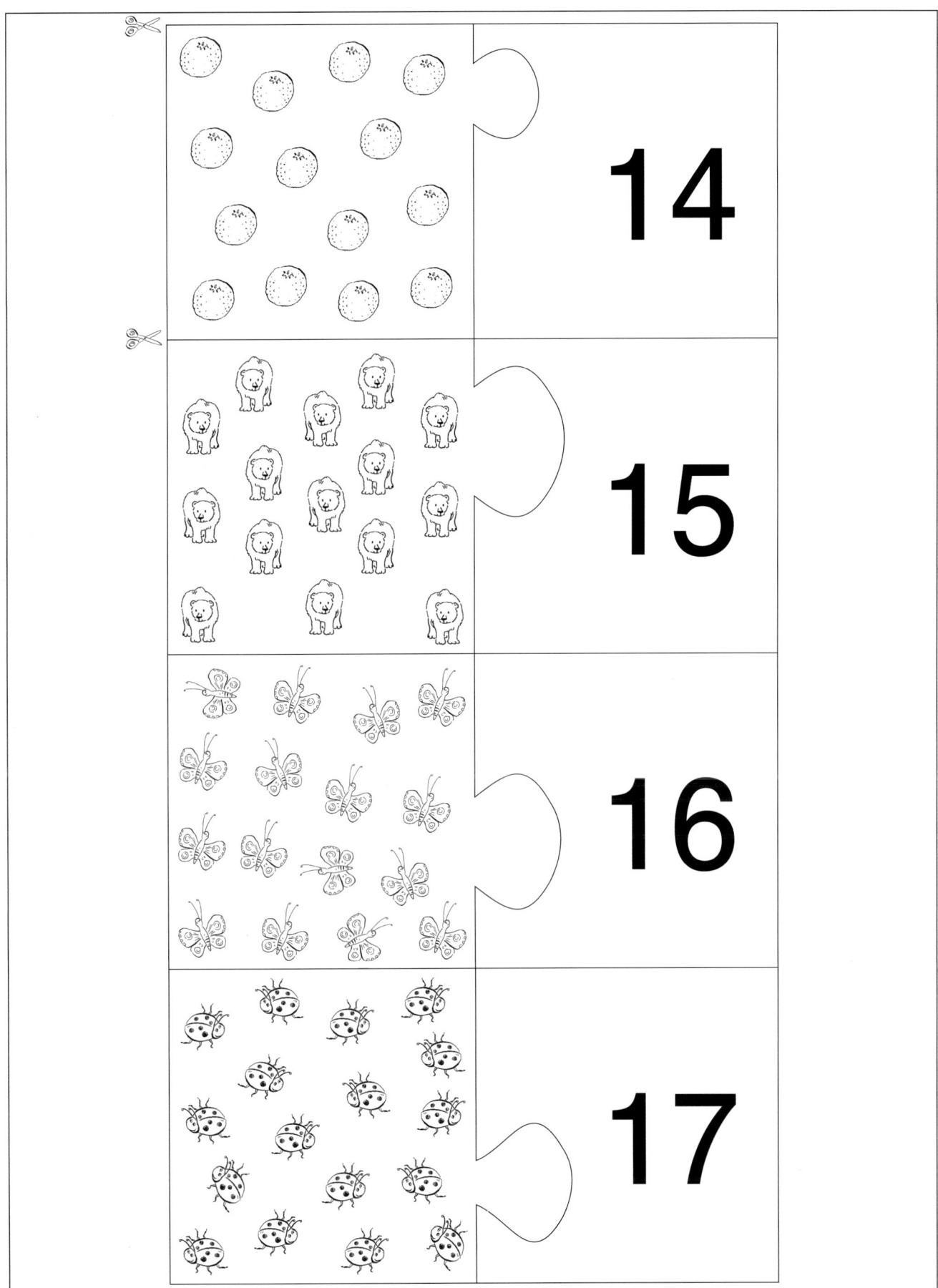

Kopiervorlage 92: Legespiel mit Mengen und Zahlen (3)

Schneide die Puzzleteile auseinander und mische sie.
Suche zu den Bildkarten die passenden Zahlkarten.

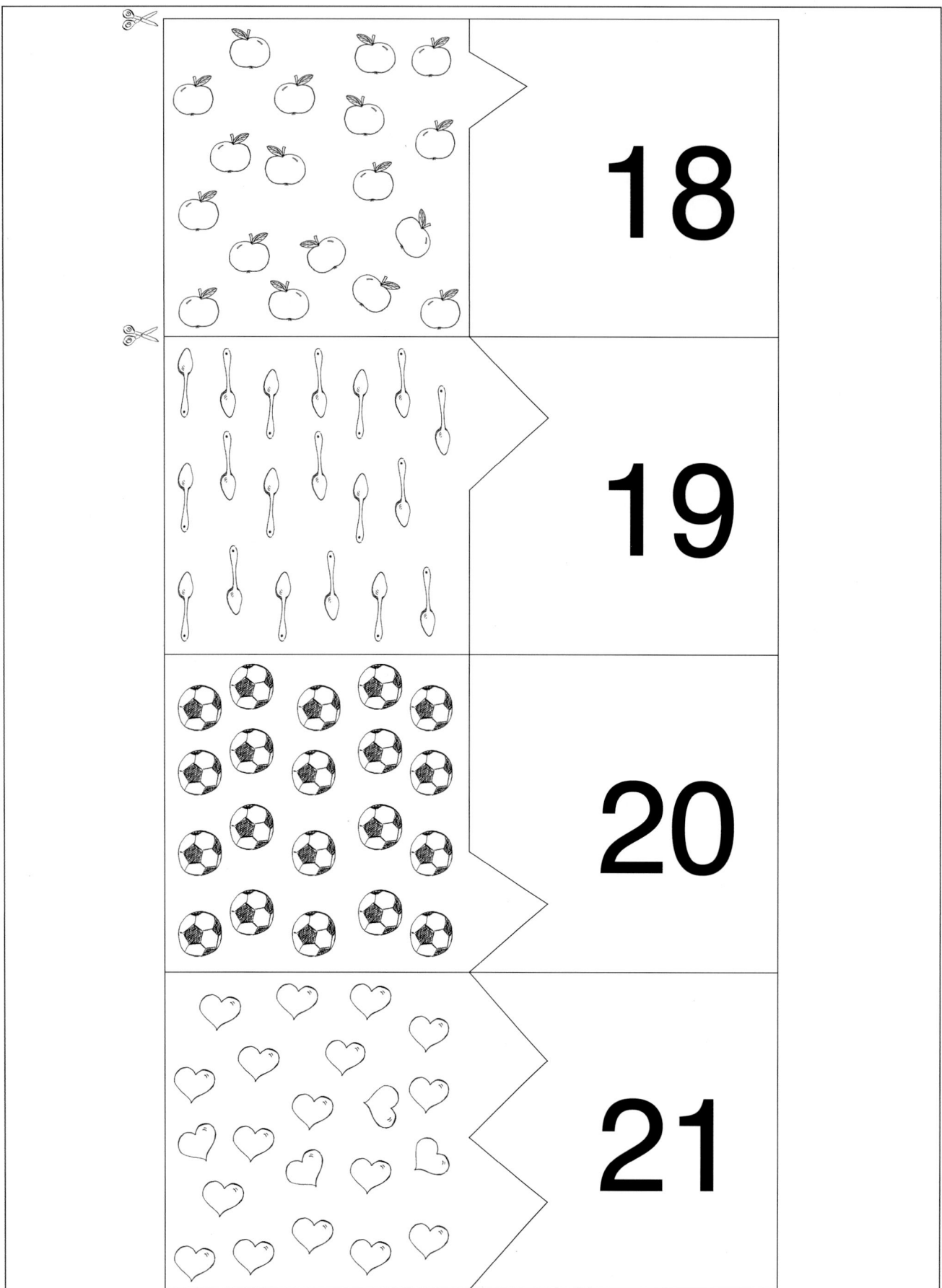

Kopiervorlage 93: Zerlegehäuser (1)

Zerlege die Zahl im Dach mit deinen Plättchen. Es gibt mehrere Möglichkeiten.
Anschließend kannst du die Mengen mit einem Instrument, mit Schritten dem Partner anzeigen.

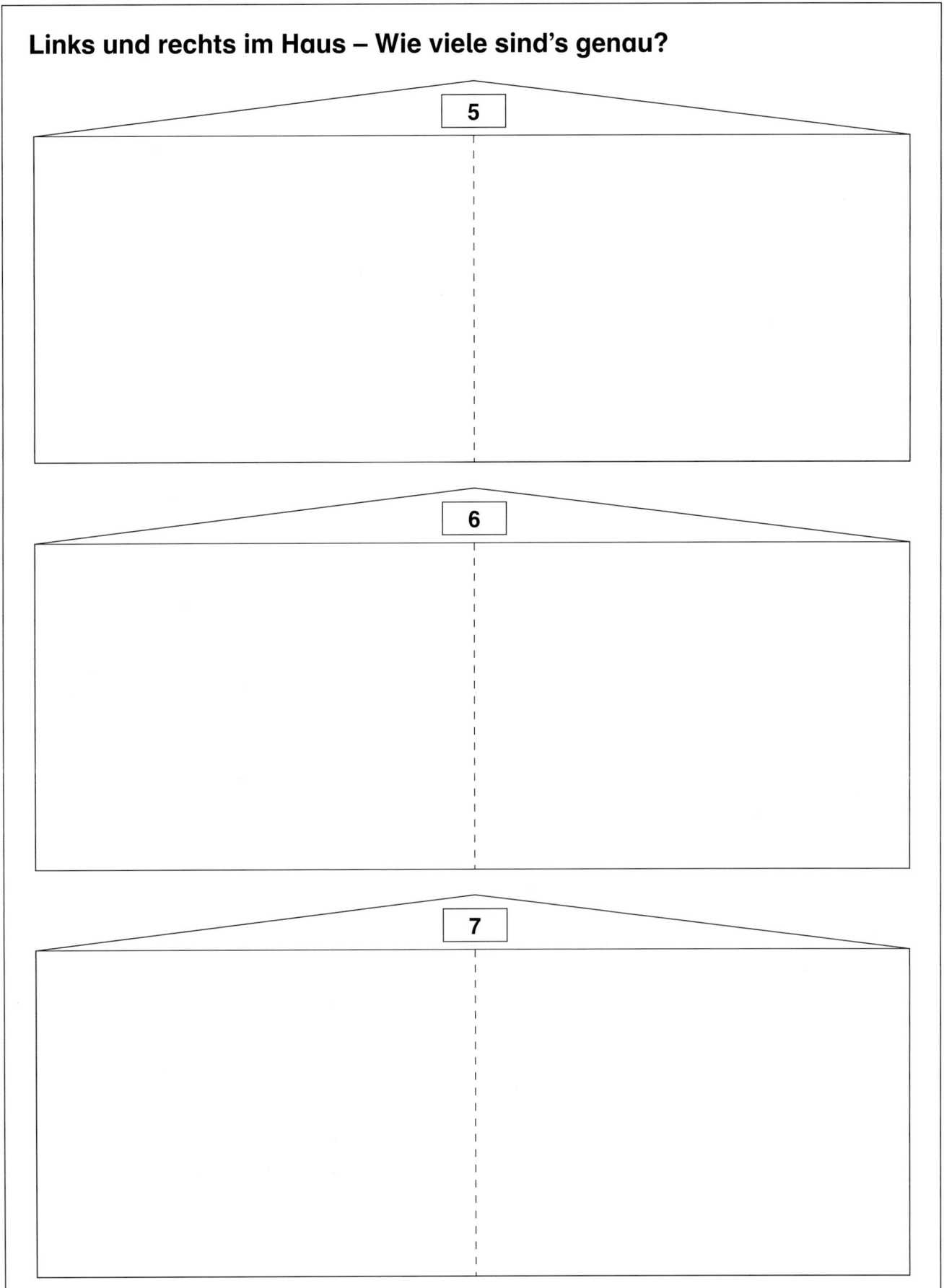

Kopiervorlage 94: Zerlegehäuser (2)

Zerlege die Zahl im Dach mit deinen Plättchen. Es gibt mehrere Möglichkeiten.
Anschließend kannst du die Mengen mit einem Instrument, mit Schritten einem Partner anzeigen.

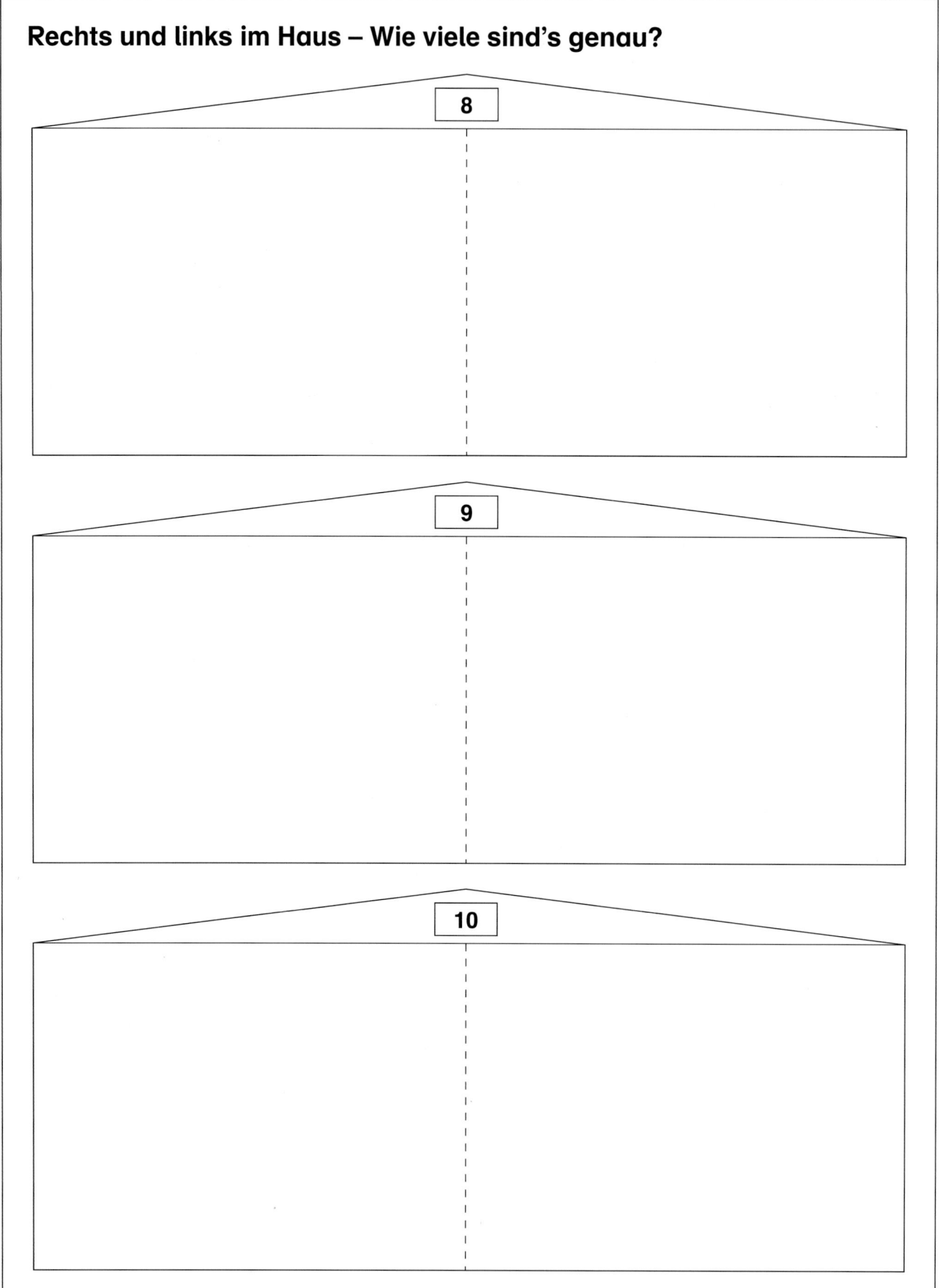

Kopiervorlage 95: Kleine Zahlenhäuser: Zahlen zerlegen

Male die fehlenden Punkte in die leeren Kästchen.

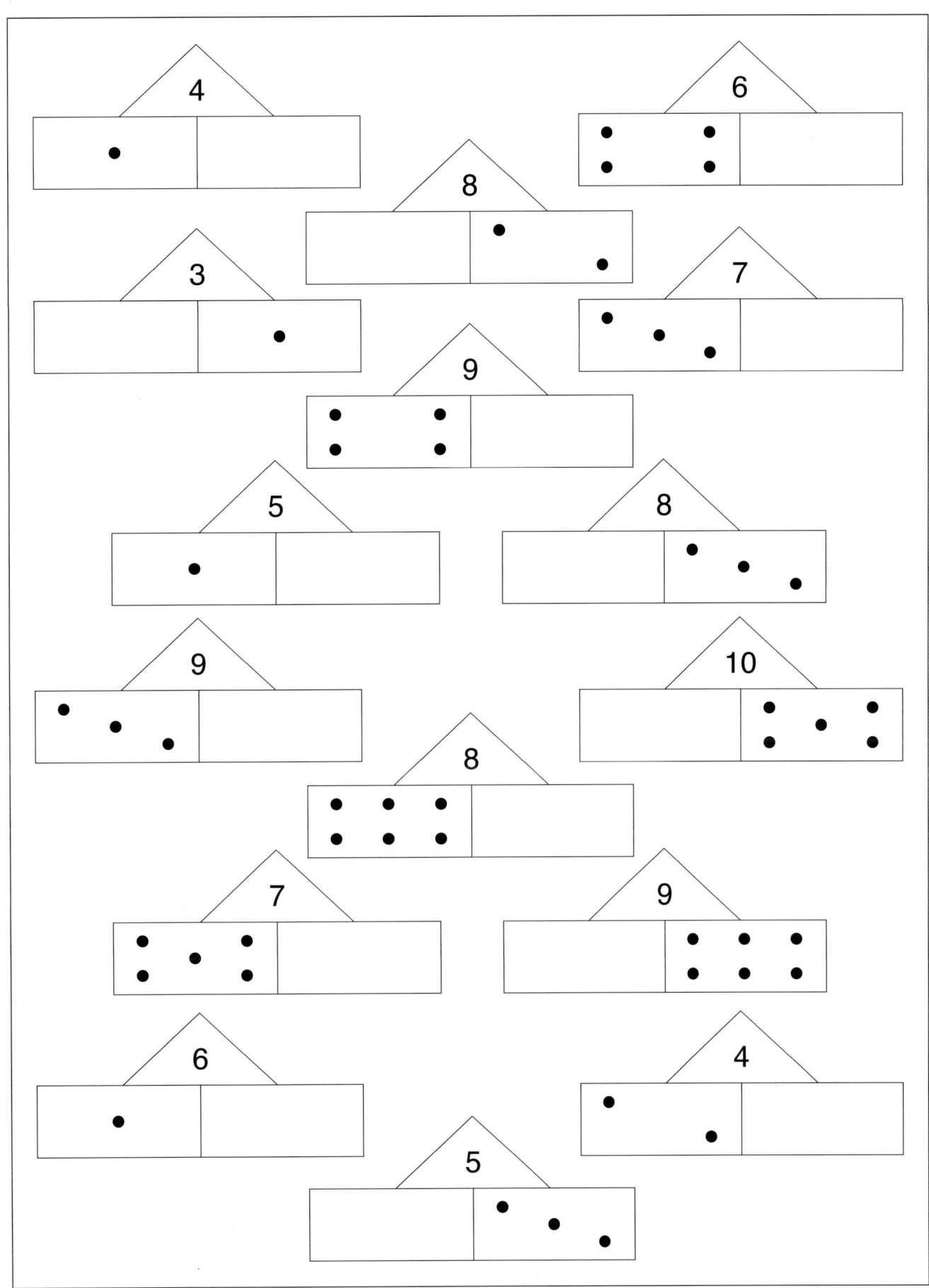

Kopiervorlage 96: Große Zahlenhäuser bis 20

Lies die Zahl im Dach. Male so viele Punkte-Kästchen mit einem Buntstift aus, dass sie zusammen die Zahl ergeben.

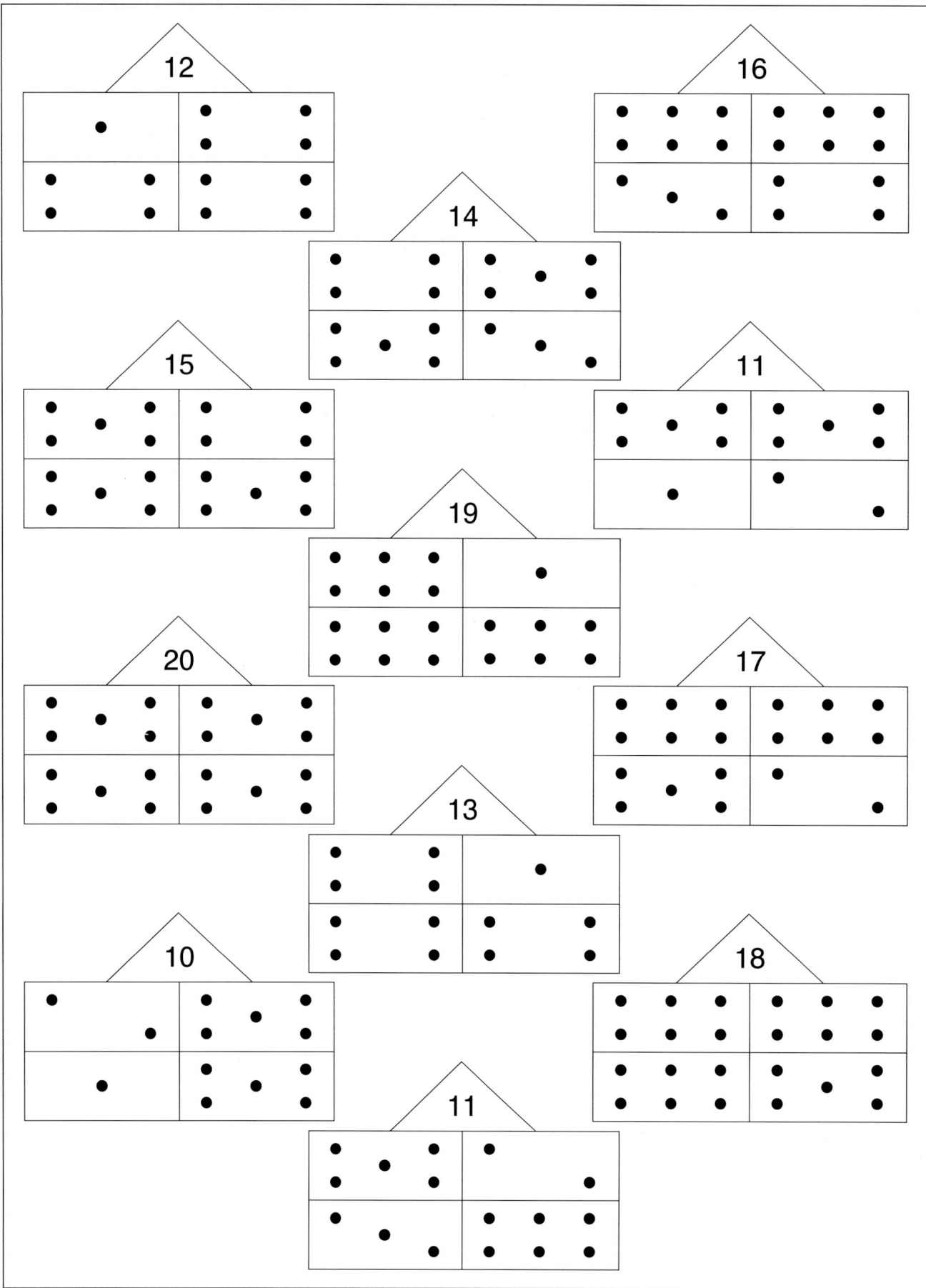

Kopiervorlage 97: Wie alt sind die Glückskäfer?

Erzähle, wie alt der erste, zweite … Käfer ist.
Schreibe das Alter in das Kästchen unter dem Käfer.

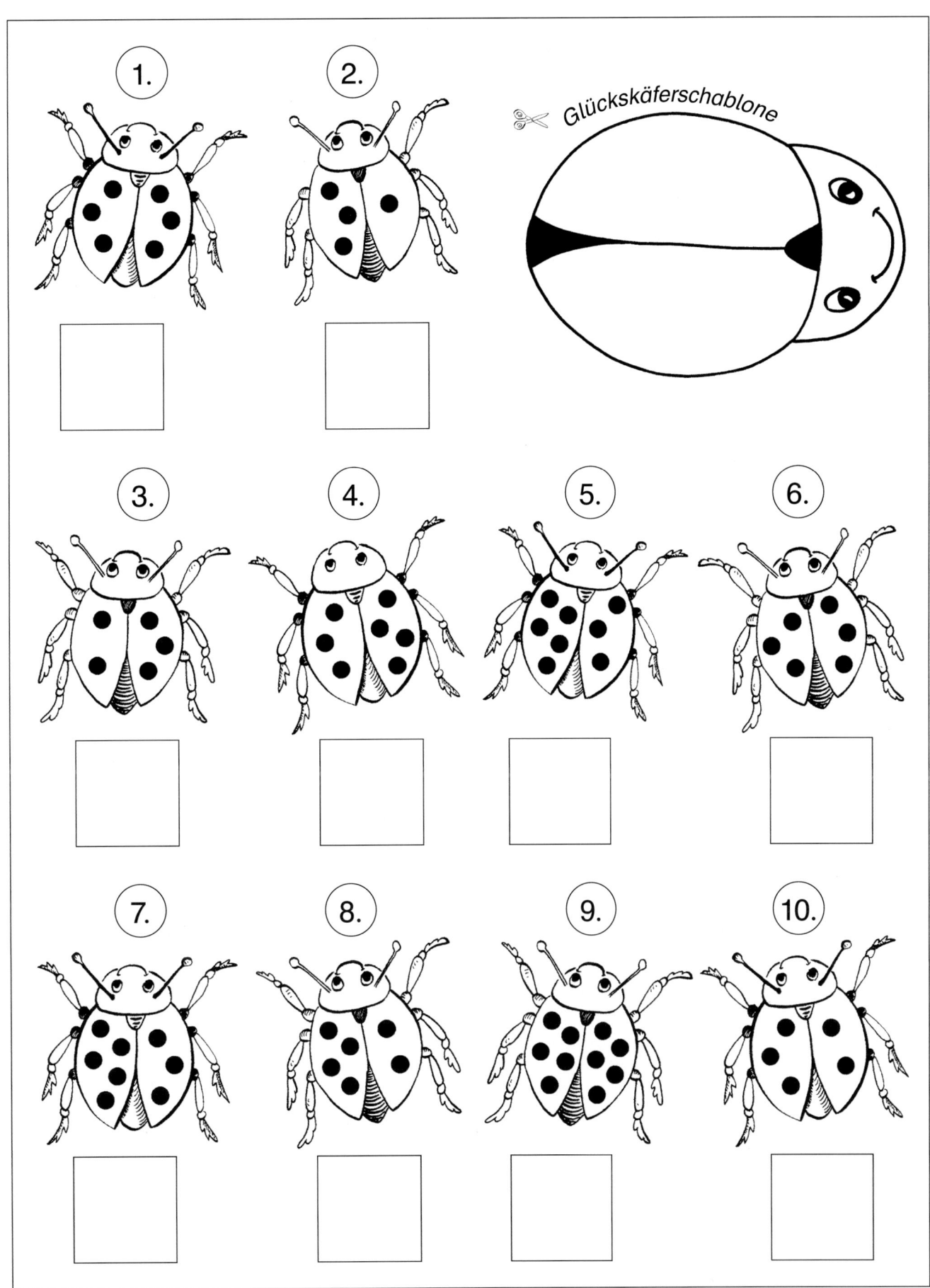

Kopiervorlage 98: Meine bunte Perlenkette

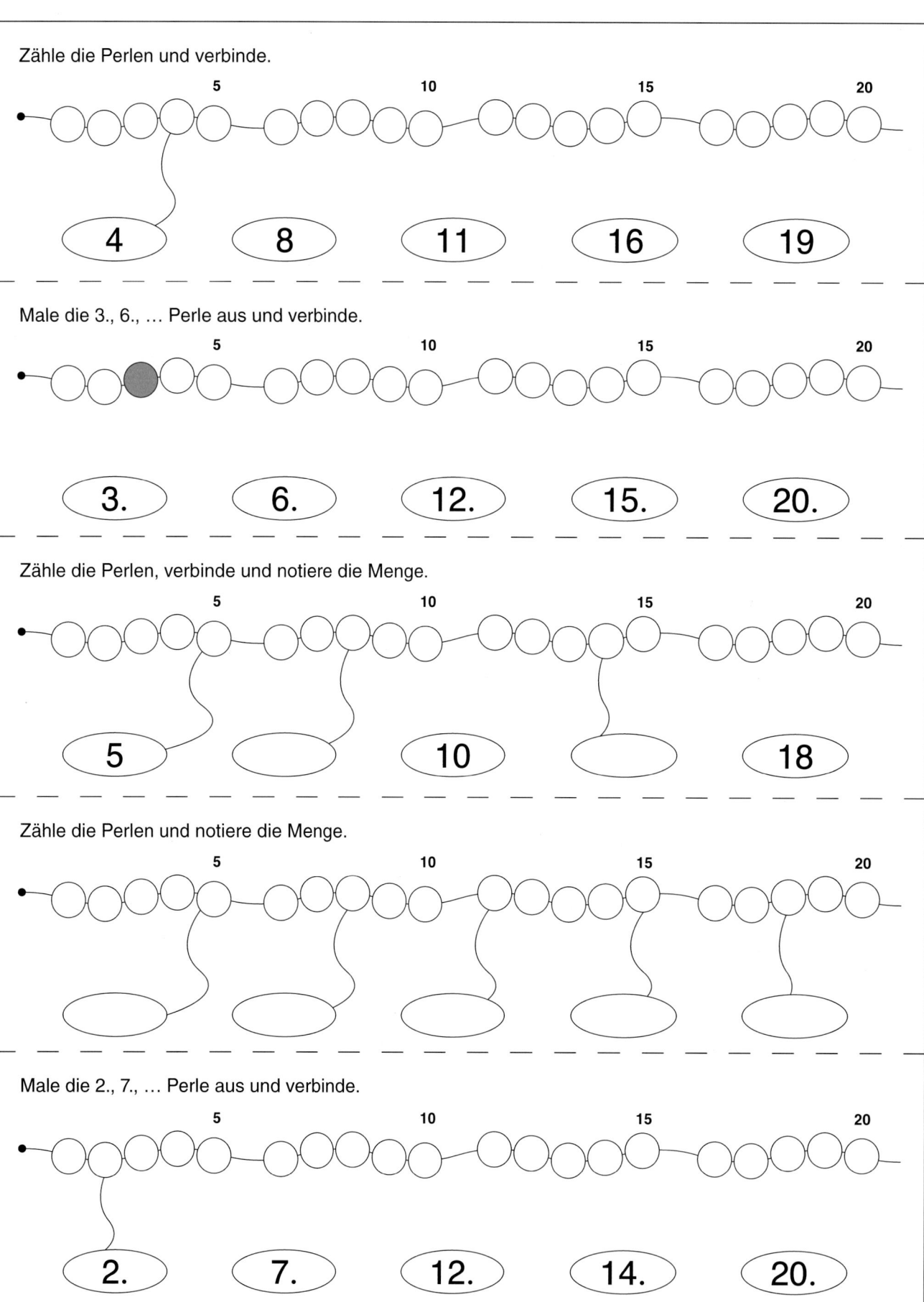

Kopiervorlage 99: Punktemauern

Die Punkte von zwei nebeneinanderliegenden Bausteinen ergeben die Punktemenge des darüberliegenden Bausteins. Zähle die Bausteine zusammen und zeichne die fehlenden Punktemengen ein.

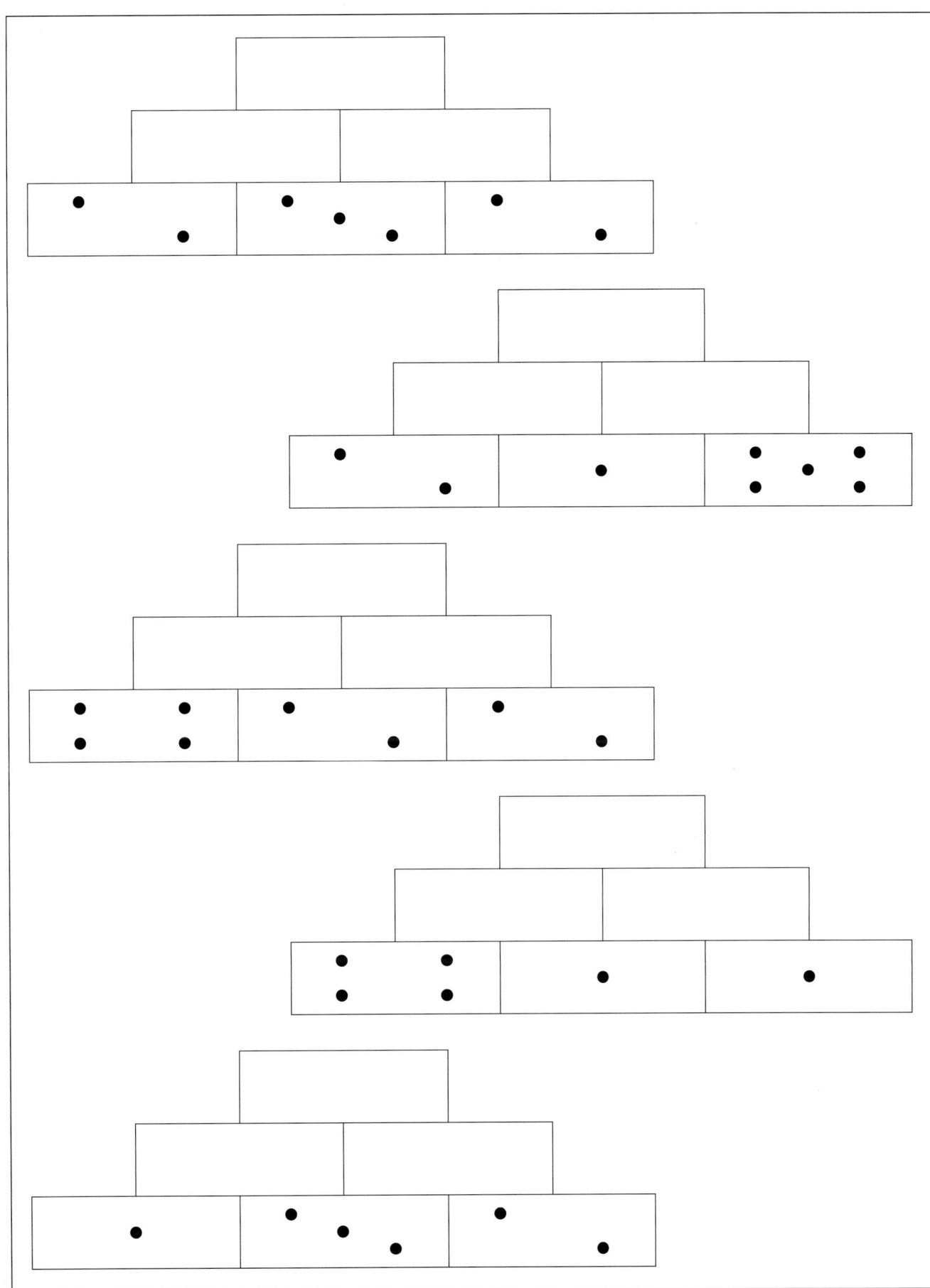

Kopiervorlage 100: Zahlenmauern

Die Zahlenwerte von zwei nebeneinanderliegenden Bausteinen ergeben die Summe des darüberliegenden Bausteins. Finde die fehlenden Zahlen.

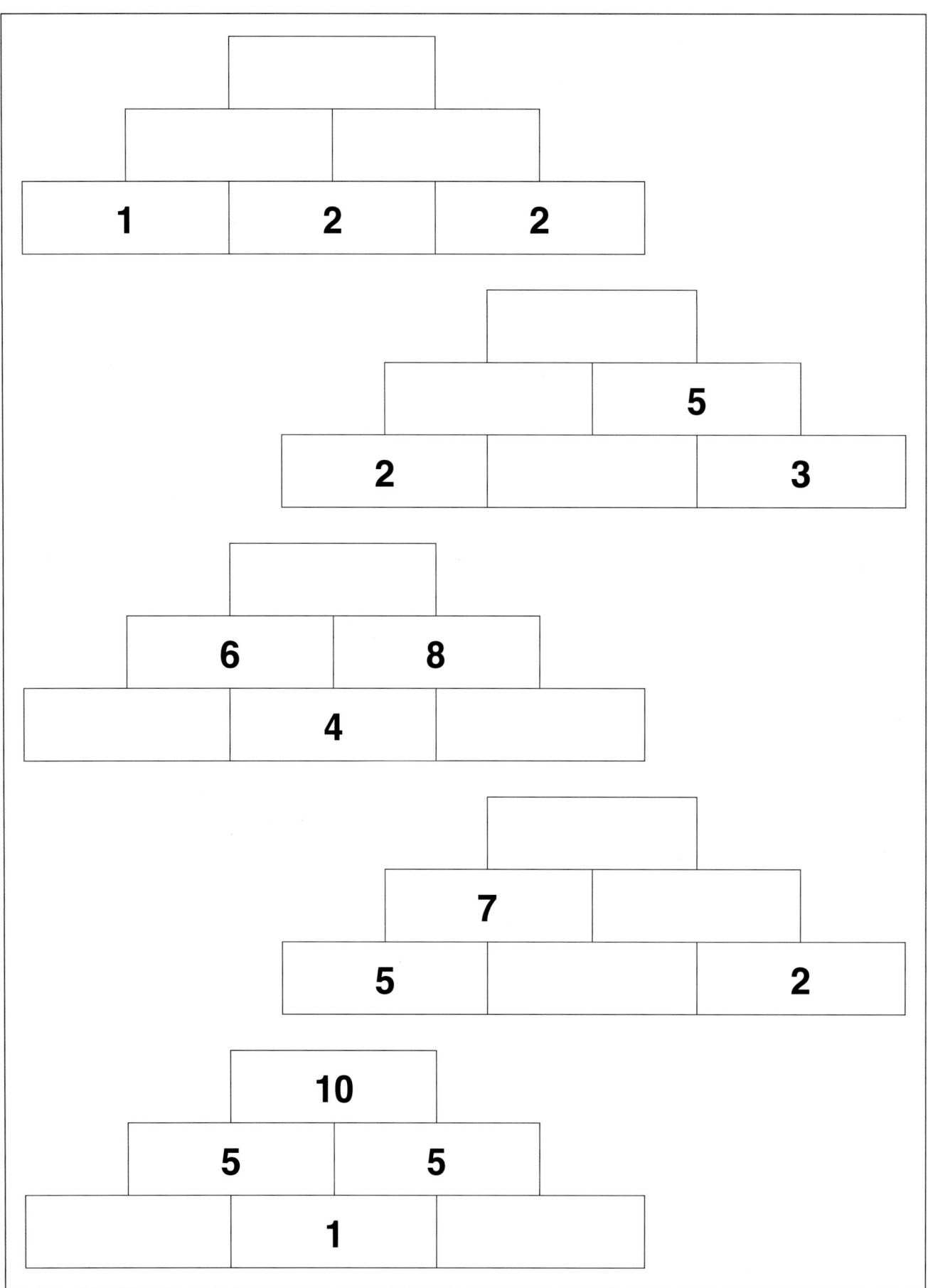

Kopiervorlage 101: Rechenscheibe (1)

Schneide beide Rechenscheiben aus (s. S. 132). Lege Rechenscheibe (2) auf Rechenscheibe (1) und befestige sie in der Mitte mit einer Klammer. Durch Drehen der Scheibe kannst du Plus- und Minusaufgaben rechnen.

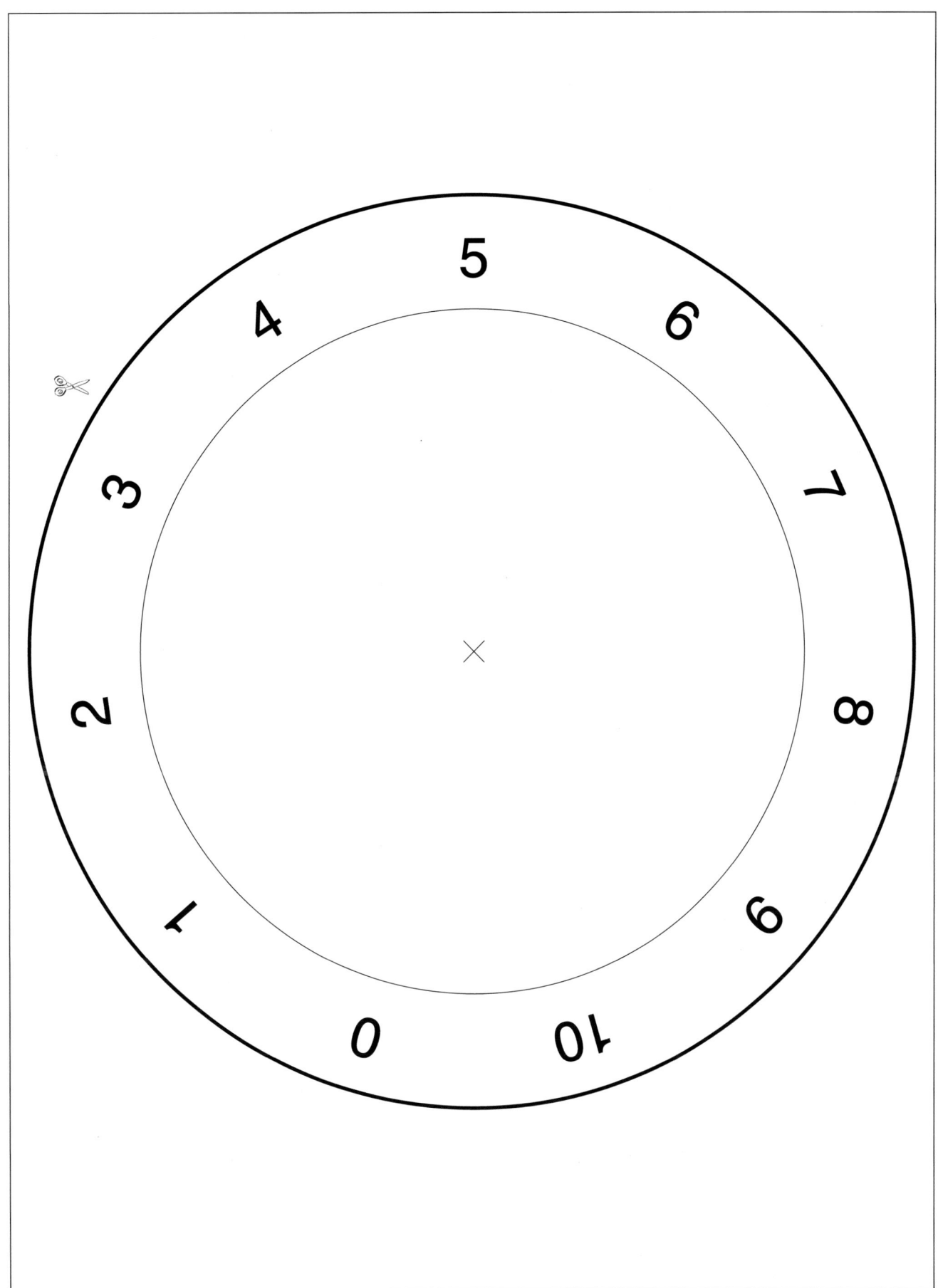

Kopiervorlage 102: Rechenscheibe (2)

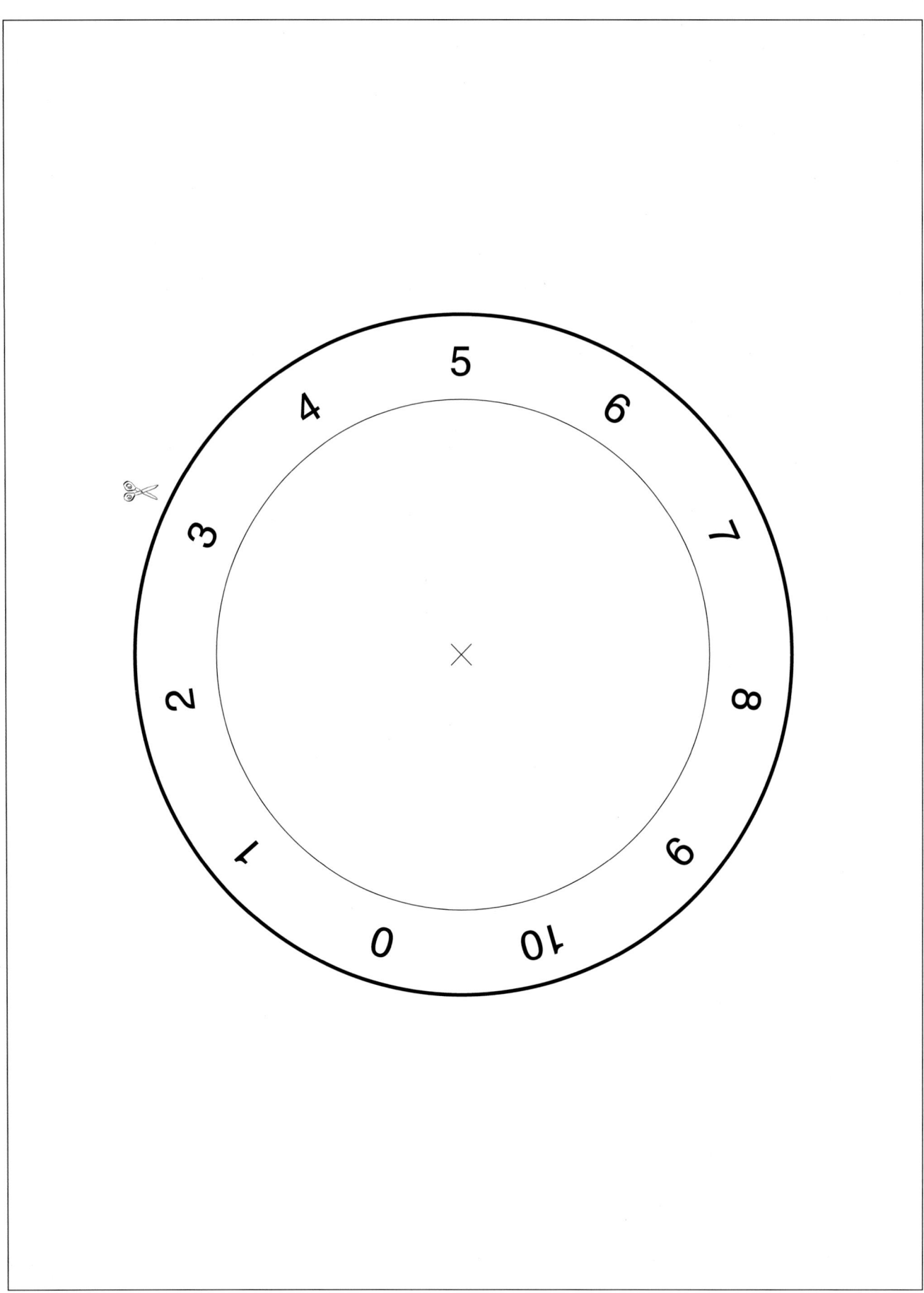

Kopiervorlage 103: Meine große Lernuhr: Die Uhr und Uhrzeiten

Male den Stundenzeiger rot und den Minutenzeiger blau aus. Schneide die Uhr und die Zeiger aus und befestige sie in der Mitte mit einer Klammer. Nun kannst du Uhrzeiten einstellen und ablesen.

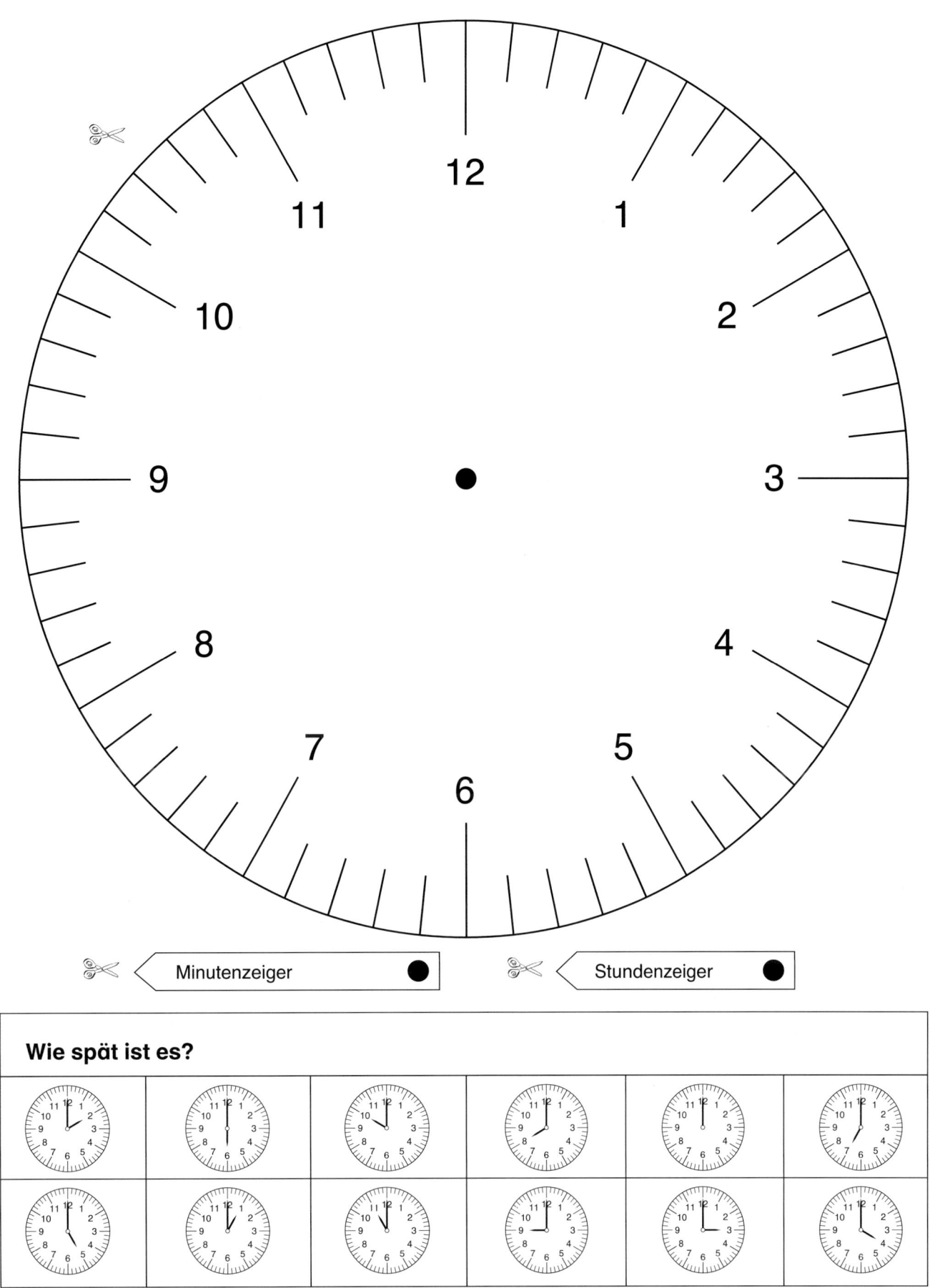

Kopiervorlage 104: Leere Uhr: Wie spät ist es?

Trage die Zahlen in das Ziffernblatt richtig ein. Male den Stundenzeiger rot und den Minutenzeiger blau aus. Schneide die Uhr und die Zeiger aus und befestige sie in der Mitte mit einer Klammer.

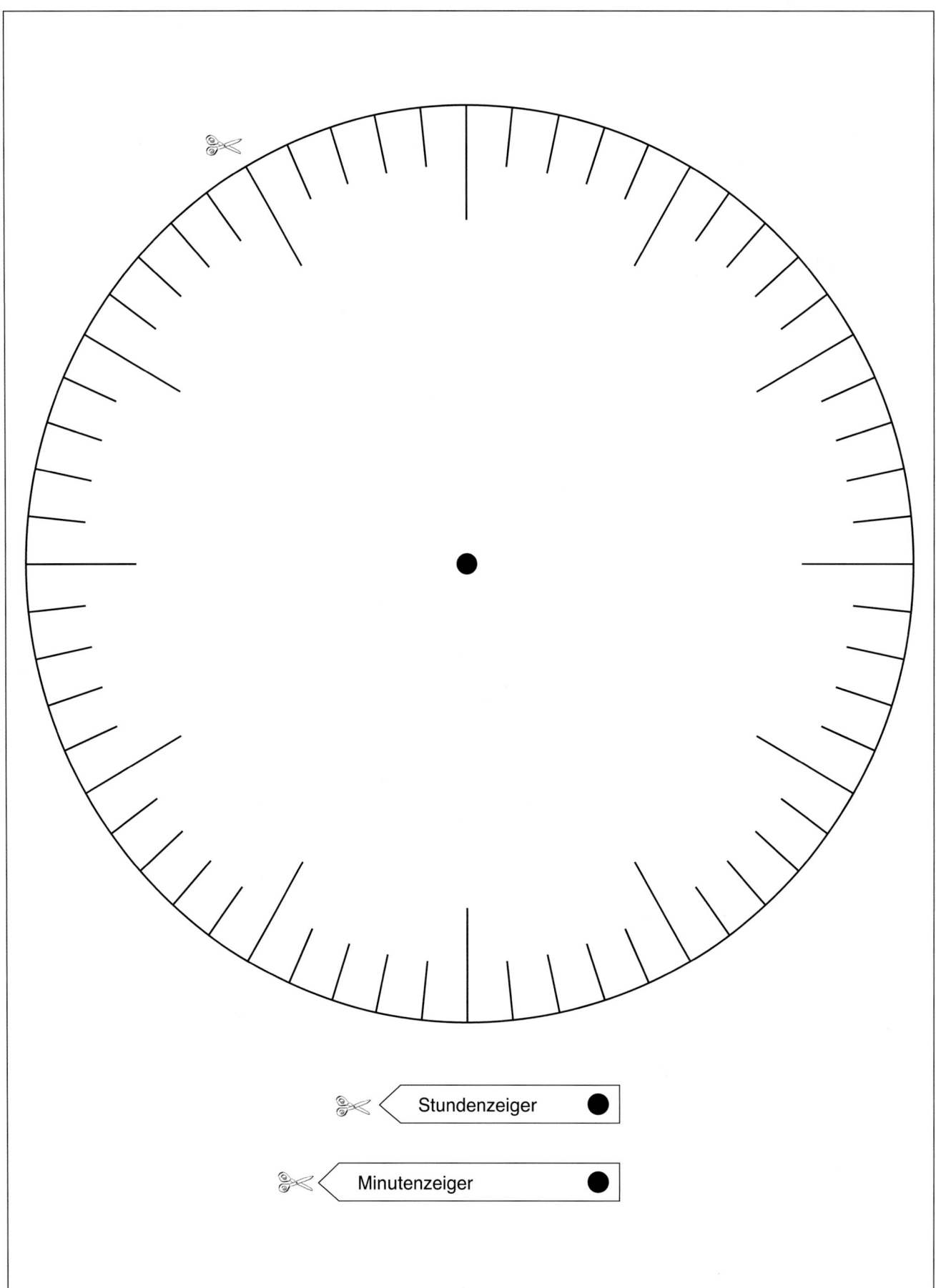

Jederzeit optimal vorbereitet in den Unterricht?

»Lehrerbüro!

Hier finden Sie alle Unterrichtsmaterialien

der Verlage Auer, PERSEN und scolix

immer und überall online verfügbar.

lehrerbuero.de
Jetzt kostenlos testen!

Das **Online-Portal** für Unterricht und Schulalltag!